本研究成果为教育部人文社会科学研究青年基金项目“职业培训、职业承诺与职业成长：企业视角的农民工培训模式研究”（项目批准号：13YJCZH126）最终成果

农民工培训模式及其收入影响研究

马金平◎著

RESEARCH ON THE TRAINING MODE AND ITS IMPACT ON MIGRANT WORKERS’ INCOME

经济管理出版社
ECONOMY & MANAGEMENT PUBLISHING HOUSE

图书在版编目（CIP）数据

农民工培训模式及其收入影响研究／马金平著. —北京：经济管理出版社，2018.9
ISBN 978-7-5096-5871-0

Ⅰ.①农…　Ⅱ.①马…　Ⅲ.①民工-职业培训-研究-中国　Ⅳ.①D422.6

中国版本图书馆 CIP 数据核字（2018）第 143779 号

组稿编辑：赵亚荣
责任编辑：赵亚荣
责任印制：司东翔
责任校对：赵天宇

出版发行：经济管理出版社
（北京市海淀区北蜂窝 8 号中雅大厦 A 座 11 层　100038）
网　　址：www. E-mp. com. cn
电　　话：（010）51915602
印　　刷：三河市延风印装有限公司
经　　销：新华书店
开　　本：720mm×1000mm /16
印　　张：11.75
字　　数：190 千字
版　　次：2018 年 9 月第 1 版　　2018 年 9 月第 1 次印刷
书　　号：ISBN 978-7-5096-5871-0
定　　价：52.00 元

前　言

农民工是中国改革开放与四个现代化发展进程中不断壮大起来的新型劳动力大军。随着工业化和城镇化的深入，农民工逐步成为我国产业工人的重要组成部分，随之而来的农民工市民化问题也已成为政府和社会关注的重大事项。然而，对于我国传统而根深蒂固的城乡二元经济与社会结构而言，农民工市民化必然是一项进程缓慢而复杂的系统工程。农民工市民化不是简单地改写户口簿，而是要确保进城农民在就业与收入、教育资源、医疗服务、文化生活、住房保障、社会保障、政治参与等方面都与城镇居民获得同等待遇。

尽管农民工市民化是一项涉及诸多领域的系统工程，但农民工就业与收入问题在这项工程中首当其冲。如果农民工没有相对稳定的城市就业、没有一定的工作收入，那么政府在其他方面提供的公共服务和支持也将收效甚微。为了改善农民工城市就业质量，一方面，政府不断推进劳动力市场改革，努力消除农村劳动力流动的体制障碍，依法保障农民工的劳动权益，促进所有劳动者同工同酬；另一方面，从21世纪初开始，政府部门不断加大农民工职业教育与培训投入，尝试通过多种渠道和多种方式，努力提高进城农民工的职业技能，提高其城市就业能力和收入回报水平。

正因为如此，有关农民工培训的研究近十年来都是国内学术界关注的热点。农民工培训相关研究涉及的领域十分广泛，但主要可以归纳为以下几方面的问题：

第一，农民工培训的政府责任问题。学术界比较一致的观点是政府首先应该承担起农民工培训的主要责任，除了宏观上的组织计划与管理控制，还要承担大部分的培训所需费用；其次才是社会、企业和农民工个体的责任。但是在政府主导和“大包大揽”的政策导向下，农民工培训专项资金的使用效率却一直广受诟病。

第二，农民工培训的实施效果问题。这是对第一个问题的进一步追问。从投入产出的角度审视财政转移支付的使用效率，或者设计绩效指标体系对农民工培训项目的实施效果进行绩效考评，从而为政府主管部门改进培训补贴支付制度，都是这方面研究的重点。

第三，农民工培训的参与意愿问题。对实践中农民工培训项目实施效果的质疑，以及通过调查发现培训实施过程中存在“走形式”、“骗补助”等问题，引起了学者们深刻的反思。农民工对政府提供的公益性培训漠不关心，甚至与培训机构合谋骗补助的原因是什么？一方面，政府部门组织的培训项目在内容上的确存在针对性、实用性不足的问题，这在一定程度上降低了农民工的培训参与意愿；另一方面，农民工自身的观念、文化基础、家庭特征是否也影响着他们的参与意愿呢？这方面的研究十分丰富，也取得了很多具有现实启发意义的研究结论，为改革农民工培训政策与制度提供了有益的帮助。

第四，农民工培训的模式选择问题。考虑到接受培训的农民工群体的特征存在异质性，政府与学术界都意识到，必须因地制宜地为有不同特点和需求的农民工提供更有针对性的培训项目，包括选择不同的培训方式、安排不同的培训内容等，也就是选择合适的培训模式，从而有利于充分调动农民工的参与意愿，也有利于提高培训资金的使用效率。

第五，农民工培训对收入的影响问题。不管采取什么样的培训政策，也不管选择怎样的培训模式，其最终落脚点还是要看培训项目的实施能否切实提高农民工的就业能力、就业质量和就业稳定性，能否真正促进农民工收入水平的提高。这个领域的研究也十分受学者们的关注，相关研究多以大量的统计分析和经验数据得出结论。令人奇怪的是，农民工培训是否真的提高了农民工收入，学者们的结论并不一致，正反两方面的观点都存在。

由此可见，关于农民工培训模式是否有效、接受相应培训之后的收入能否得到有效提高的问题，依然没有得到清晰的回答。基于此，本书将聚焦于当前已经实施的各种农民工培训模式，分析其优缺点，并以实证研究的方式检验各种培训模式对农民工收入的影响大小。同时，本书还将对现有农民工培训模式提出创新性的改革建议，即放弃传统的以政府为主导的农民工培训模式，转而强调以企业为主体构建农民工培训模式。

目 录

第一章　绪　论

近年来，国家统计局每年都会发布《全国农民工监测调查报告》。根据历年报告所提供的数据资料，我们可以发现我国农民工培训工作正面临诸多困难。本章在阐述研究背景的基础上，指出了本书的研究意义和目的，即通过反思目前农民工培训模式的不足之处，探索能更有效提高农民工收入的培训模式。本章还对本书研究思路、研究方法、关键问题、各章内容安排以及可能的创新之处，进行了较为详细的介绍。

一、研究背景与意义

（一）研究背景

1. 农民工技能升级迫在眉睫

人力资本理论认为，包括学历（受教育经历）、工作经验、职业技能、健康状况和劳动力迁移在内的人力资本（及人力资本投资行为）对劳动者的收入会有重要影响①。因此，要提高我国农民工的收入，就应该做好以下两方面的事情：一是尽快提高农民工的劳动技能；二是促进农民工在就业市场的合理流动。这是因为：一方面，农民工在向城市转移就业之前，大多已经完成学历教育，且其个人工作经验和健康状况也不是政府部门可以轻易改变的。所以，要提高农民工人力资本和收入，最直接、最可行的

① 人力资本理论认为，劳动者职业流动和就业地点迁移所发生的职业转换成本，也是一种人力资本投资行为，其投资回报是岗位匹配度的提高所带来的收入增加。

途径就是通过职业培训提高农民工的就业技能。另一方面，农民工的就业流动和劳动收入还受到劳动力市场供需态势的影响，政府部门可以在把握市场规律的基础上，通过出台政策不断完善劳动力市场机制，引导农民工就业合理流动，提高农民工的能岗匹配程度，进而提高农民工收入。

事实上，农民工培训之所以显得迫在眉睫，除了城镇化发展与农民工市民化要求提高农民工收入之外，还有一个重要的影响因素就是我国产业结构升级、缓解供给侧结构性改革“去产能”压力的需要。我国进入经济新常态后，农民工就业工作呈现出就业难和招工难的“两难境地”：一方面是农民工就业总量存在压力，且与“僵尸企业”倒闭带来的女职工年过40岁、男职工年过50岁（简称“4050”）下岗人员形成叠加效应；另一方面是用人单位发现在劳动力市场上获取合格技术工人的难度逐渐增加。近年来，虽然农民工总量还在增长，但增速下降，这说明农民工正从无限供给走向有限供给，不再是取之不尽的蓄水池，人口红利即将消耗殆尽，技术红利却还没有及时形成。技能型农民工在基数庞大的农民工群体中占比太小，既不利于我国的产业结构升级，也不利于农民工收入水平的整体提升。

在农民工进城落户的问题上，现在不少大城市都依据有技能先落户、少技能后落户、没技能难落户的原则。不掌握技能，农民工进了城，往往会成为城市的过客；掌握技能、拿到证书、找到工作是解决农民工进城面临的“三低两多”问题的关键一招①。也就是说，提升农民工技能是适应经济新常态的战略性措施，要把加强农民工技能提升作为国家工程，加大力度去推进。2014年9月12日国务院发布的《关于进一步做好为农民工服务工作的意见》在总体目标中明确提出：到2020年，转移农业劳动力总量继续增加，每年开展农民工职业技能培训2000万人次，农民工综合素质显著提高，劳动条件明显改善，工资基本无拖欠并稳定增长，参加社会保险全覆盖，引导约1亿人在中西部地区就近城镇化，努力实现1亿左右农业转移人口和其他常住人口在城镇落户，未落户的也能享受城镇基本公

① 所谓“三低两多”，即劳动合同签订率低、工资总体偏低、参加城镇职工社会保险比例偏低，劳动争议比较多、安全事故发生比较多。

共服务，农民工群体逐步融入城镇，为实现农民工市民化目标打下坚实基础。如何实现每年培训农民工 2000 万人次？官方说法是对新成长的劳动力培训 1000 万人次，对在岗的农民工由初级工向中级工、高级工技能提升培训 1000 万人次。可见，未来几年农民工培训工作面临着极其艰巨的任务。

2. 农民工真实培训意愿不高

一方面，农民工的职业技能亟待升级；另一方面，农民工的真实培训意愿却不高。事实上，大部分农民工都明白自身缺乏就业技能，都希望能通过培训获得一技之长，但是考虑到培训需要花费时间、金钱和精力，农民工的真实培训意愿就会直线下降，即所谓的培训有效需求严重不足，或者培训动机不足问题。如果再出现培训项目缺乏针对性，过于形式化和僵化，则会进一步削弱农民工的真实培训意愿。所以，从培训意愿向培训行为的转化，绝不是一步之遥的问题，而是失之毫厘，谬以千里的事情。

已有文献关于农民工培训意愿的研究出现了相互矛盾的结论：刘平青和姜长云（2005）[1]、黄乾（2008）[2]认为，农民工培训需求明显不足，缺乏参与动力；王海港等（2009）[3]、黄祖辉和俞宁（2007）[4]也指出，农民工对政府培训项目热情不高；与之相反的是，众多调查又发现农民工特别是新生代农民工具有很强的培训意愿（谢勇和黄承贵，2011[5]；杨晓军和陈浩，2008[6]；和震和李晨，2013[7]）。

我们认为，不同文献的研究结论互相矛盾应该是由于概念界定模糊造成的，培训意愿的内涵必须加以严格定义——它应该是指农民工愿意为参与职业培训有所投入，在某种意义上要将培训意愿与培训参与动机画等号。农民工想通过职业培训获取技能，这只是一种美好的愿望，不代表真实的培训意愿；严格意义上的培训意愿应该与培训参与动机紧密相关，且这种参与动机向参与行为的转变具有大概率。学者们调查得出的农民工培训意愿高，而参与动机（以及参与行为）低的事实，恰恰说明了那是一种“虚假”的培训意愿。造成这种局面的原因，主要在于社会所提供的职业培训存在错配与失调（王秀丽等，2015）[8]，没有把农民工想获取一技之长的美好愿望有效转化为真实的培训意愿。

3. 农民工培训人数占比下降

农民工真实的培训意愿偏低，必然导致政府在农民工培训方面的巨大投入取得不了想要的效果，很多政府主导的公益性农民工培训渐渐流于形式。表 1-1 展示了 2012~2016 年全国农民工接受技能培训的人数占比情况。

表 1-1 2012~2016 年全国农民工接受技能培训的人数占比

单位:%

年　份	2012	2013	2014	2015	2016
农业技能培训	10.7	9.3	9.5	8.7	8.7
非农职业技能培训	25.6	29.9	32.0	30.7	30.7
技能培训	30.8	32.7	34.8	33.1	32.9

注：表中每年的“农业技能培训”和“非农职业技能培训”占比数相加要大于“技能培训”占比数，是因为有部分农民工既接受了“农业技能培训”，又接受了“非农职业技能培训”。

资料来源：根据国家统计局 2012~2016 年《全国农民工监测调查报告》整理而成。

表 1-1 中数据表明，农民工接受技能培训人数占比在 2014 年达到一个峰值（34.8%）后，2015 年、2016 年连续两年呈现下滑状态（分别为 33.1%和 32.9%）；2016 年在所有农民工中，接受过非农职业技能培训的人数占比不足 1/3（30.7%）。与此同时，2012~2016 年全国农民工的总数量依然在缓慢上涨，分别约为 2.63 亿人、2.69 亿人、2.74 亿人、2.77 亿人和 2.82 亿人。这就意味着，城市劳动力市场上，缺乏足够非农就业技能的农民工数量不但没有下降，反而在不断上升。

4. 农民工收入增速下降明显

农民工职业技能培训参与率的下降必然导致其整体就业能力和就业质量的下降，它对农民工收入是否会产生影响呢？表 1-2 显示，2010~2016 年，尽管农民工人均收入名义增速一直都大于同期全国城镇居民人均可支配收入实际增幅，但扣除 CPI 的影响后，农民工人均收入实际增幅在 2015 年和 2016 年（分别为 5.7%和 4.5%）开始低于城镇居民人均可支配收入实际增幅（分别为 6.6%和 5.6%）。

表 1-2 2009~2016 年农民工人均收入增速与城镇居民可支配收入增速对比

单位:%

指标 \ 年份	2009	2010	2011	2012	2013	2014	2015	2016
CPI（上年=100）	99.3	103.3	105.4	102.6	102.6	102.0	101.4	102.0
农民工人均收入名义增速	5.7	19.3	21.2	11.8	13.9	9.8	7.2	6.6
农民工人均收入实际增速	6.4	15.5	15.0	9.0	11.0	7.6	5.7	4.5
城镇居民人均可支配收入实际增速	9.6	7.7	8.3	9.7	6.9	4.9	6.6	5.6

资料来源：根据国家统计局 2009~2016 年《全国农民工监测调查报告》以及国家统计局网站公开数据整理而成。

图 1-1 通过折线图的形式，清晰展示了农民工人均收入实际增长率逐渐下降的趋势。而且，相对于城镇居民可支配收入实际增长率的变化趋势，农民工人均收入实际增长率在经历了 2010 年的急剧上升之后，整体下降趋势更快，并且在 2015 年、2016 年连续两年低于后者①。

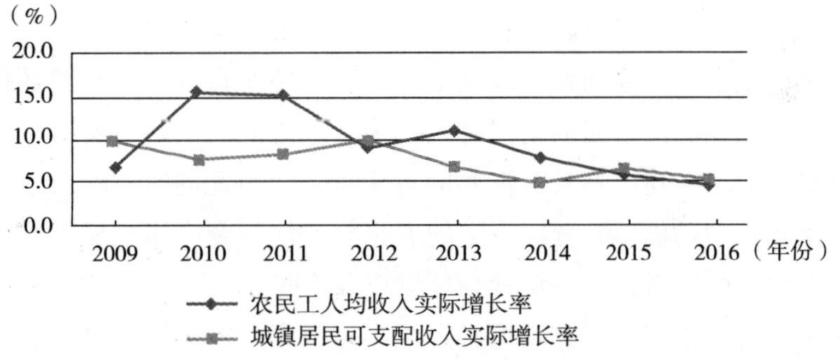

图 1-1 2009~2016 年农民工人均收入实际增长率和城镇居民可支配收入实际增长率

① 一个有趣的现象是，2007~2009 年的金融危机之后，农民工收入增加，但同期城镇居民可支配收入依然呈下降趋势。可能的解释是：农民工的就业不稳定，流动性强，经济复苏之后沿海地区劳动密集型企业的积压订单导致短期内产生大量劳动力缺口，农民工基本工资快速上涨且经常延长劳动时间，从而带来农民工收入大幅增加。城镇居民工作相对稳定，经济复苏带来的收入变化相对滞后。

当然，简单地将农民工收入增长缓慢的原因归咎于农民工培训政策的失败，显然不够严谨，因为2015~2016年接受技能培训人数比例的下降和这期间农民工收入增速的下降可能只是巧合。农民工收入的变化受到很多因素的影响，如经济环境变迁导致的农民工就业行业结构变化、就业区域分布变化，还有农民工学历结构、年龄结构、工作经验积累、技能证书、健康状况、社会资本以及劳动力市场分割的实际情况等。

（二）研究意义

在未来几年，政府部门还将通过各种形式，持续推动大范围的农民工培训。但是正如前文所述，自21世纪初以来的农民工培训政策真的取得了应有的效果吗？为什么在政府加大投入的背景下，农民工的培训参与率反而会下降？我国农民工培训政策有效提高了农民工的收入吗？农民工工资收入的增加是学历教育的作用，还是职业培训的影响？如果职业培训的确有利于农民工收入增加，那么在各种职业培训模式中，哪种模式对农民工工资增长的影响最大？为有效完成既定的培训目标，农民工培训政策与模式又该如何创新？如果不把这些问题搞清楚，今后政府的巨额培训投入很可能事倍功半，也会严重阻碍我国农民工市民化进程。

本书围绕上述实际问题，理论联系实际，用源自现实的经验数据进行实证，深入探究农民工培训模式与农民工收入之间的关系，所得出的农民工培训政策启示与建议将具有重要的现实意义。与此同时，本书还有一定的理论贡献：一是借鉴教育经济学的理论与方法研究中国农民工培训收益问题，在研究中所考虑的经济社会环境以及变量选取都是与国内外已有研究存在差异的，相应的研究结论必定能丰富教育经济学研究成果；二是透彻分析西方现代学徒制的运行机制，然后在把握其本质的基础上，巧妙地将其与我国农民工培训相结合，构建了我国农民工学徒制培训模式，这是职业教育领域一项颇具开创性的研究，虽然该培训模式的实施效果还有待检验，但它在理论上对丰富中国职业教育理论必将有所帮助。

二、研究思路与方法

（一）研究思路

本书的基本研究思路如图1-2所示。从图中可见，本书有三个并列的主要研究内容（分别用虚线框标出），即农民工培训模式分析、农民工培训收入影响研究，以及关于现代学徒制的中西方实践。这三个主要内容的研究结论对最终构建企业主体型农民工培训模式，以及制定相应的支持性政策可以分别起到经验教训、实证启示和模式基础的作用。

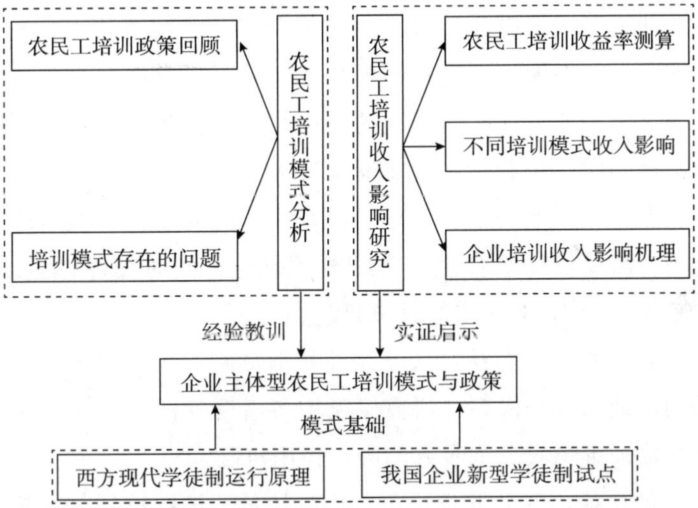

图1-2 研究思路

在农民工培训模式分析部分，将回顾我国农民工培训政策的历史，总结实践中形成的各种培训模式，并分析其各自的优缺点。在农民工培训收入影响研究部分，将首先阐述农民工培训收益率测算的传统方法，评价其适用性；其次另辟蹊径对我国不同农民工培训模式的收入影响差异进行实证检验；最后对企业培训影响农民工收入的机理进行深入分析。在现代学徒制的中西方实践部分，将剖析西方现代学徒制在现代职业技术教育领域的成功原因，详细阐述我国新型学徒制试点工作，并将其与西方学徒制进行比较，指出其不足之处。本书基于上述三个部分的研究结论，试图构建企业主体型农民工培训模式，并给出相应的政策建议。

（二）研究方法

本书将分别采用以下研究方法：

（1）文献归纳与逻辑推理方法：关于我国农民工培训政策与实践、政府主导农民工培训模式的利弊分析，主要采取文献研究法和逻辑推理法。这是因为目前已经有大量这方面的文献与研究结论，而且对我国农民工培训政策实施效果的评价已经在学术层面获得较为一致的结论，对各地方政府在培训实践中形成的模式与做法也有不少综合性的总结。我们在本书中要对培训政策低效率的原因进行归纳总结，并分析今后农民工培训改革的趋势。另外，关于西方现代学徒制的历史与发展、我国企业新型学徒制试点的制度设计问题，也需要大量文献作为研究基础。

（2）计量经济统计方法：关于不同培训模式对农民工收入影响的差异性实证分析，需要借助教育经济学的相关理论，同时构建计量统计模型，通过数据采集，使用 SPSS 等统计软件进行分析。

（3）结构方程模型方法：关于企业培训影响农民工收入的内在机理分析，需要构建结构方程模型，研究模型中各潜变量的相互影响关系，并最终解开企业培训影响农民工收入的内在作用机制。

（4）实地访谈与问卷调查法：无论是计量经济统计还是结构方程模型分析，都离不开从现实中观察和获取的数据。本书中的数据主要来自两个途径：一个是我们与武汉科技大学社会调查与研究协会联合开展的“我国农村居民城镇就业与技能培训调查”；另一个是依托武汉科技大学 MBA 学员在企业发放的农民工企业培训问卷调查。

（5）信息经济学与博弈论分析方法：主要用于对现代学徒制运行原理、内在激励机制，以及我国新型学徒制培训企业风险的分析和防范措施研究。

（6）规范研究方法：主要用于农民工学徒制培训模式构建与配套政策研究。这里需要一定的价值判断，但更多的是逻辑推理与演绎。

三、研究内容与创新

（一）关键问题

本书关注培训对农民工收入的影响，期望通过理论与实证研究，给我国农民工培训政策改革提供理论指导与建议。本书要解决的关键问题有三个：

1. 培训真的能显著提升农民工收入吗

对于这个问题的回答必须基于现实数据和实证检验。通常认为，培训能够增加农民工的人力资本积累，并通过劳动效率的提升而增加劳动收入。如果真的如此，那为何农民工的培训参与意愿并不如预期的那么高呢？除了农民工思想观念和家庭负担的影响，培训的投入回报率是否低于农民工的预期，从而导致了农民工放弃参与培训？在政府培训、企业培训、市场培训等培训模式中，哪一种培训模式更能有效提高农民工的收入？抑或互相之间没有显著差异？农民工培训对其收入的影响过程中，是否存在一些中介变量在发挥作用？如果有，这些中介变量给我们的启发是什么？对上述问题的讨论与思考，主要集中在本书第四~第六章。

2. 如何充分调动培训各方的参与意愿

培训各方的参与意愿包括政府投资意愿、培训机构与学校的投入意愿、企业投入意愿、农民工参与意愿等。从以往的农民工培训实践看，企业培训参与积极性往往难以调动，将农民工的技能需求转化为真实的培训意愿和行动也十分困难。因此，创新农民工培训模式、制定培训政策必须有的放矢，通过政策引导，激发培训各参与方的积极性，让企业、学校和农民工都觉得“有利可图”，也就是要满足农民工培训模式各参与方的激励相容。如何构建相关激励机制，将在本书第七、第八章进行详细探讨。

3. 农民工培训模式该如何创新

如果企业培训最有效①，又该如何调动企业参与农民工培训的积极性？基于现代学徒制的农民工培训模式该如何设计？该模式可以调动各方积极性吗？我国企业新型学徒制试点工作对构建农民工学徒制培训有何帮助作用？对上述问题的讨论也主要集中在第七、第八章。

（二）内容安排

本书的主要内容安排如下：

第一章，绪论。基于农民工监测报告数据、政府文件以及文献资料，阐明本书的背景与意义，提出研究问题；阐述本书的研究思路与方法，强调关键研究问题，指出创新之处。

第二章，我国农民工培训政策与实践。本章首先回顾我国农民工培训政策的历史演变，将我国从20世纪末延伸至今的农民工培训政策进行全方位梳理和评价，指出农民工培训政策的发展趋势和可能面临的挑战。然后对农民工培训政策实施过程中逐步形成的农民工培训模式进行归纳总结，并分析这些培训模式的优点与不足之处。

第三章，政府主导农民工培训的利弊。本章对目前我国农民工培训的主流模式——政府主导型培训进行了深入的分析，首先探讨其存在的合理和有利之处，然后在系统总结该模式所表现出来的弊端之后，指出了农民工培训模式将从政府主导型向企业主体型转变的趋势。

第四章，农民工培训收益率估算方法及其缺陷。本章首先简明扼要地阐述了教育收益率的估算方法，以及在估算过程中经常要注意的方法纠偏问题；其次通过文献研究，详细介绍了学术界关于农民工培训收益率的估算研究成果；最后分析了利用传统估算方法研究农民工培训收益率存在的缺陷，为本书后面所采用的实证分析方法进行铺垫。需要特别指出的是，有关农民工培训实践及其收入影响（包含收益率估算）的研究，具有鲜明的中国社会背景，所以这方面的文献主要集中在国内。

① 本书将证明，在市场培训、政府培训、企业培训三种形式中，企业培训对提高农民工收入最为有效。

第五章，不同培训模式对农民工收入影响的差异。由于能够公开获取的数据[①]在培训模式划分方面无法提供足够全面的信息，也就无法准确估算不同培训模式的收益率，因此，我们重新设计并实施了新的农民工调查，目的在于了解不同培训模式对农民工收入影响的差异性。因为不再需要计算具体的培训收益率，同时也为了避免农民工虚报收入的问题，我们在问卷中只要求农民工报告其收入处于哪个区间段，这在某种程度上保证了本书所使用数据的可靠性。研究结果表明，在各种培训模式中，只有企业培训对农民工的主观与客观收入始终存在显著积极影响，“干中学”只对农民工的客观收入有显著正向影响，政府培训、市场培训对农民工的收入影响不显著，传统的拜师学艺甚至会对农民工收入产生负面影响（但不显著）。

第六章，企业培训影响农民工收入的内在机理。通过文献研究与逻辑推理，本书在企业培训影响农民工收入的“黑箱”过程中引入了人力资本、心理资本的概念，作为影响机理中的中介变量。结果发现，这两者在企业培训和农民工收入之间都扮演了重要的中介角色，而且人力资本的中介作用机制更明显。

第七章，企业培训新模式：现代学徒制。本章首先阐述了现代学徒制的历史与发展，分析了现代学徒制的运行原理，并着重探讨了学徒制利益相关者的参与动力机制。其次对我国企业新型学徒制试点出台的背景、试点现状以及存在的不足之处进行了分析，认为我国新型学徒制培训的企业参与风险过高，实施范围太小，培训后的人才流失现象不能得到缓解，不利于形成良性互动机制。

第八章，基于新型学徒制的农民工培训模式。本章首先分析了我国学徒制培训的企业风险与防范措施，其次阐明了将新型学徒制扩展应用于农民工培训的必要性和可行性，最后创新性地构建了农民工学徒制培训模

① 经过申请，我们获得了由北京师范大学、澳大利亚国立大学（the Australian National University）的学者发起，并得到国家统计局和德国劳动研究所（the Institute for the Study of Labor，IZA）支持的调研项目“中国城市、农村和流动人口居民收入调查（CHIP2008/RUMiC2009）”数据。虽然本书最终没有使用该数据，但是它对本书研究的顺利开展提供了借鉴和启发。

式，并给出了推动农民工学徒制培训的配套政策。

第九章，结论与展望。本章主要阐述本书的主要结论，指出本书的不足之处，对今后还需要加强的研究进行展望。

（三）创新之处

本书可能在以下三个方面取得创新成果：

一是对我国农民工培训政策进行了全方位的梳理和评价，将其归纳为“零散实践、政策起步、全面实施、应对危机、全面深改和新的挑战”共六个阶段，并根据这六个阶段的政策延续性和演化性，指出了今后农民工培训政策的发展趋势。

二是考虑到采用传统方法估算培训收益率存在的不足和误差，本书没有使用明瑟收入方程作为研究工具，而是用不同培训模式表征农民工培训在内容、时间、形式等方面的差异，然后用层次回归分析实证检验了不同培训模式对农民工收入影响的差异性，发现在各种培训模式中，只有企业培训对农民工客观和主观收入的积极影响始终显著。该研究结论为我国农民工培训从政府主导向企业为主转变提供了理论依据，同时启发政府部门应该在农民工培训中采取更多扶持企业的政策，提高培训经费使用效率。

三是证明了现代学徒制运行机制的科学性，并结合中国农民工培训的现实特点，基于我国企业新型学徒制构建了农民工学徒制培训模式，它可以作为我国农民工培训改革的借鉴模式。

第二章　我国农民工培训政策与实践

我国农民工培训政策的制定与实施是一项与时俱进、不断改革的过程。20 世纪 90 年代以前，我国政府不考虑甚至从根本上反对农民工流向城市；90 年代是我国政府逐步重视农民工向城市流动就业的时期，但是还没有强调农民工的培训问题；从 21 世纪初开始，我国政府各部门终于意识到农民工培训工作已经迫在眉睫，不断出台农民工培训政策，相应的财政投入逐渐加大，农民工培训工作取得了令人瞩目的成绩。本章对我国农民工培训政策进行了全面梳理，分析了政策规律与特点，并对实践中形成的农民工培训模式进行了归纳整理。

一、农民工培训相关概念

本书聚焦于农民工培训实践对农民工收入的影响，意图揭示各种模式的农民工培训在提高农民工收入方面的作用大小和作用机制，从而给农民工培训政策的科学制定与完善提供启示。因此，首先必须划定“农民工”所指的对象范围，明确“农民工培训”和“农民工收入”等概念所包含的具体内容。

（一）农民工

“农民工”这一概念与我国特有的户籍管理制度相联系，主要是指户籍在农村，但主要在城镇从事非农产业的劳动人口。广义的农民工还包括在农村内部从事第二、第三产业的人员。近年来，关于农民工称谓的讨论越来越多，不少人主张取消农民工称谓，认为这一称谓具有歧视性，建议代之以“新市民”或者“进城务工人员”的称呼[9]。我们以为，农民工这个社会群体的产生与发展是与我国特定历史时期的社会、经济、政治、文化变革相伴相生的，这个称谓是“农民”和“工人”两种职业身份的叠加，它反映的是农民进城务工的客观事实，本质上不存在歧视因素。即便社会上的确存在歧视农民工的行为和现象，造成农民工称谓在部分群体心中带有歧视成分，也不能否定了这个概念本身的含义。

从长期来看，农民工这个群体将会自然消失，农民工市民化后，类似“新市民”这样的概念，就会显得画蛇添足。与其纠结于更换称谓与概念，不如扎扎实实改善农民工在城市的就业与生活环境，使其享有与城市居民完全相同的公共服务条件，维护农民工群体应有的权益，实现农民工城市身份彻彻底底的转变。虽然农民工的称谓本身不存在歧视性，但是在现行制度框架下，传统户籍制度及附加在户籍制度之上的教育、医疗、社保、就业等相关政策，的确给农民工造成了不公平性乃至歧视性的影响。农民工有别于城镇劳动者，他们持有农村户口，受到城镇居民相关制度的排斥；农民工同时有别于农业劳动者，他们离开土地生产资料，甚至远离居住地，在城镇从事非农产业，在获得高于传统农业收入的同时，也与传统农民群体渐行渐远。因此，农民工事实上处于游离或边缘状态，非传统意义上的城镇居民，也非传统意义上的农村居民[10]。

“新生代农民工”概念的提出要晚于“农民工”概念。王春光（2001）首次提出了“新生代流动人口”的概念，他在文章《新生代农村流动人口的社会认同与城乡融合的关系》中提出：“‘新生代农村流动人口’仅是一个假设性概念，还需要更详细地界定和说明……将（20 世纪）80 年代初次外出的农村流动人口算作第一代，而（20 世纪）90 年代初次外出的算作新生代。”[11]进入 21 世纪，特别是 2005 年以来，20 世纪 80 年代和 90 年代出生的农民工日益成为农民工研究领域的焦点。作为一个社会学而非人口学的概念或群体，他们被称为新生代农民工或第二代农民工[12]。刘传江和徐建玲（2007）对与新生代农民工概念相近的第二代农民工进行了概念界定，认为第二代农民工是相对于改革开放后于20世纪80年代中期到90年代中期从农业和农村流出并进入非农产业就业的第一代农民工而言的。具体来说，第二代农民工是指1980年以后出生、20世纪90年代后期开始进入城市打工的农民工[13]。

中共中央、国务院2010年一号文件首次以官方形式明确给出新生代农民工的概念，并提出要“采取有针对性的措施，着力解决新生代农民工问题”。也是在这一年，新生代农民工的定义得到十分明确的官方界定，全国总工会新生代农民工问题课题组在《关于新生代农民工问题的研究报告》中，以非常简洁的语句将新生代农民工界定为：出生于20世纪80年代以后，年龄在16岁以上，在异地以非农就业为主的农业户籍人口[14]。该定义也得到了学术界的广泛使用。与老一代农民工相比，新生代农民工的特征主要表现为：文化程度相对较高，消费观念更加开放，生活目标明显转移，生活方式差别显著，维权意识不断增强[15]。随着时间的推移，老一代农民工开始慢慢退出劳动力市场（目前仅仅是起步阶段），新生代农民工逐渐成为农民工群体的主体；但人口红利的迅速减少，导致30岁以下的青年农民工所占比例迅速下降，于是新生代农民工群体的平均年龄反而开始不断上升。

我们整理近年来的《农民工监测报告》数据，分别得到“2008~2016年全国农民工总量变化趋势”（见表2-1）、“2008~2016年全国农民工年龄结构”（见表2-2）和“2012~2016年全国农民工学历结构”（见表2-3），从中可以清晰地看到以下趋势：一是全国农民工总数虽然还在增加，但是增速放缓，人口红利已经到达转折点；二是外出农民工增幅远小于本地农民工增幅，反映了农民工就地就近城镇化的趋势日益明显①；三是农民工总平均年龄不断提高，从2008年的34岁一直上升到2016年的39岁，中间没有任何波折，原因正是新生代（特别是30岁以下）农民工群体的比例下降趋势明显；四是农民工的整体受教育水平有所提高，但2012~2016年高中学

① 本地农民工增幅较大的原因，与东部沿海地区产业升级、劳动密集型产业向中西部地区转移密不可分。中西部地区是跨省外出农民工主要输出源，在东部产业转移过程中，中西部地区吸引了大量本地农民工就业。

历农民工的上升趋势并不明显，农民工受教育水平的整体提升主要归功于大专及以上学历农民工比例的稳步上升（从5.7%到9.4%）。

表2-1 2008~2016年全国农民工总量变化趋势

单位：万人

数量＼年份	2008	2009	2010	2011	2012	2013	2014	2015	2016
农民工总量	22542	22978	24223	25278	26261	26894	27395	27747	28171
总量增速（%）	—	1.9	5.4	4.4	3.9	2.4	1.9	1.3	1.5
外出农民工	14041	14533	15335	15863	16336	16610	16821	16884	16934
本地农民工	8501	8445	8888	9415	9925	10284	10574	10863	11237

资料来源：根据国家统计局2012~2016年《全国农民工监测调查报告》整理而成。

表2-2 2008~2016年全国农民工年龄结构

单位:%

年龄＼年份	2008	2009	2010	2011	2012	2013	2014	2015	2016
16~20岁	10.7	8.5	6.5	6.3	4.9	4.7	3.5	3.7	3.3
21~30岁	35.3	35.8	35.9	32.7	31.9	30.8	30.2	29.2	28.6
31~40岁	24.0	23.6	23.5	22.7	22.5	22.9	22.8	22.3	22.0
41~50岁	18.6	19.9	21.2	24.0	25.6	26.4	26.4	26.9	27.0
50岁以上	11.4	12.2	12.9	14.3	15.1	15.2	17.1	17.9	19.2
40岁以下	70	67.9	65.9	61.7	59.3	58.4	56.5	55.2	53.9
平均年龄（岁）	34	—	35.5	36	37.3	37.6	38.3	38.6	39

资料来源：根据国家统计局2012~2016年《全国农民工监测调查报告》整理而成。

表 2-3　2012～2016 年全国农民工学历结构　　单位：%

学历＼年份	2012	2013	2014	2015	2016
未上过学	1.5	1.2	1.1	1.1	1.0
小学	14.3	15.4	14.8	14.0	13.2
初中	60.5	60.6	60.3	59.7	59.4
高中/中专	18.0	16.1	16.5	16.9	17.0
大专及以上	5.7	6.7	7.3	8.3	9.4

资料来源：根据国家统计局 2012～2016 年《全国农民工监测调查报告》整理而成。

准确把握农民工和新生代农民工的概念，是后续开展农民工培训行为与培训模式研究的前提；而且，对农民工群体年龄结构、教育年限、就业趋势、收入变化规律的整体把握，为本书设定农民工收入影响模型提供了启发①。

（二）农民工培训

简单而言，农民工培训是指农民工接受职业技能教育与培训，它包括许多形式，如在用人单位接受岗位培训或当学徒，在社会培训机构参加培训班，进入职业技术学校、成人教育学校、广播电视大学接受期限不一的职业教育与技术培训，参加政府相关部门组织的进城务工人员技能培训，甚至是民间拜师学艺等，不一而足。在上述不同形式的培训实践中，从培训资金的投入方面来看，有的是农民工个人完全自费培训，有的是政府提供的免费（或部分免费）培训，有的是用人单位为提高员工工作效率所提供的岗前或在岗培训；从培训内容来看，有的培训是与农民工当前的工作关联性不强的一般技能培训，有的则是针对即将上岗的工作所提供的专门技能培训，还有的培训则有利于农民工更好地适应城市工作与生活，如法

① 除了受教育年限、工作经验之外，农民工的性别、就业行业、就业区域等一系列特征都可能影响农民工的工资收益。

律法规培训、社会文化礼仪、人际交往技巧培训等。

部分农民工，特别是新生代农民工，为了更好地融入城市，希望在城市长期生活下去，往往愿意投入更多的时间和资金用于职业教育与培训。但是也有许多农民工考虑到参与培训的精力和资金投入，同时顾虑个人年龄偏大、知识文化水平偏低，不太愿意在技能培训中投入太多。对于这部分培训意愿不强但是技能水平又较低的农民工，为了改善其就业状态，提高其非农工作收入，政府部门根据其群体特征，不断出台农民工培训政策，提供了许多免费或部分免费的职业技术培训，以期提高农民工接受技能培训的比例。

（三）农民工培训模式

在农民工培训政策的实施过程中，一些培训效果好、受农民工欢迎、投入产出效益高的方式方法，逐渐为培训主管部门认可，从而成为一种可供借鉴的“农民工培训模式”。所谓“模式”，即事物的标准样式。董泽芳（2002）认为，模式是指事物在发展过程中，在一定条件影响下逐步形成的、由若干因素构成的具有某些典型特征的模型或式样[16]。这里的“若干因素”通常包括事物目标、事物结构、管理体制、运行机制等内容。在农民工培训这件事上，事物目标就是培训目的与理念；事物结构则包括各培训实施主体（或各培训服务提供方）与培训服务对象之间的联系；管理体制包括农民工培训的一系列制度与规定，这些制度与规定决定了农民工培训的运行机制能否顺畅。管理体制会界定各培训实施主体、培训服务对象的权利义务关系（尤其是利益分配格局），这种关系将是能否充分调动各方参与动机的关键。

因此，农民工培训模式所涉及的内容十分丰富，想要为其给出一个简洁明了的定义并不容易。但我们认为，给农民工培训模式下定义并不是最重要的，重要的是弄清楚农民工培训模式所要明确的培训目标、培训内容、培训管理体制和培训运行机制。这其中，尤为核心又恰恰难以找到令人满意解决办法的，就是培训管理体制及其背后的运行机制问题。

农民工培训在实践中产生了很多模式，但无论是何种培训模式，能否在实践中得到有效运行才是最重要的，也就是说，模式深层动力机制的形成十分重要。良好的动力机制有助于提高农民工培训参与各方的意愿，从而实现“政府投入有效果、企业/社会投入有效益、个人投入有回报”的多赢局面。本书在第八章提出的“农民工学徒制培训模式”，其出发点是兼顾企业“效益”和农民工“收入”；我们将从理论上论证该培训模式各参与方的动机可以得到有效解决，这些参与方包括培训实施主体（政府、企业、学校、行业组织等）和培训服务对象（即农民工）。

二、我国农民工培训政策的历史演变

在我国计划经济以及计划经济向社会主义市场经济转型时期，流向城市的农村劳动力被称为“盲流”，这种情况一直持续到20世纪90年代初期①。但是，随着乡镇企业吸纳农村剩余劳动力的能力逐渐下降，新增农村剩余劳动力还是源源不断地涌向城市，从20世纪80年代末期就形成了具有中国特色的“民工潮”——绝大部分农民工带着“闯一闯”的心态进入城市，每年年底甚至农忙的时候都要返回农村[17]。所以，20世纪90年代实际上也是我国社会与政府对农村剩余劳动力向城市转移这个客观事实逐步适应、逐渐转变态度的时期。人们开始以比较开放的姿态迎接农村转移劳动力，“农民工”这个社会认可度较高的称呼也开始得到广泛使用。从21世纪初开始，特别是2002年11月中共十六大以来，农民工培训工作进入全面发力时期，相关政策如雨后春笋般层出不穷。表2-4是我们对我国历年来农民工培训相关政策的不完全汇总，基本上能看出近十几年来我国农民工培训政策的发展脉络。

① 1991年国务院办公厅发布《关于劝阻民工盲目去广东的通知》，1995年公安部发布《关于加强盲流人员管理工作的通知》，都反映出政府限制农村流动人向城市转移的倾向，所以基本谈不上主动去实施农民工培训工作。

表 2-4 我国农民工培训政策/通知文件一

时间	（部门）政策文件	目标、任务、原则、相关要求等
2001 年 5 月	（教育部）《关于中等职业学校面向农村进城务工人员开展职业教育与培训的通知》	贯彻学历教育与非学历教育并举、学历证书和职业资格证书并重的原则
2003 年 9 月	（农业部、劳动保障部、教育部、科技部、建设部、财政部）《2003~2010 年全国农民工培训规划》	2003~2005 年，对 1000 万名农村劳动力开展转移就业前的引导性培训，对其中 500 万人开展职业技能培训，对已进入非农产业的 5000 万名农民工进行岗位培训。2006~2010 年，对 5000 万名农村劳动力开展转移引导性培训，对其中 3000 万人开展职业技能培训，对已进入非农产业的 2 亿多名农民工开展岗位培训
2004 年 3 月	（教育部）《农村劳动力转移培训计划》	各级教育行政部门和职成学校要在农村劳动力转移培训工作中承担主要任务。结合实际，明确中等职业学校面向农村招生规模、农村劳动力转移前培训和已进城务工人员培训的目标任务
2004 年 3 月	（农业部、财政部、劳动和社会保障部、教育部、科技部和建设部）《关于组织实施农村劳动力转移培训阳光工程的通知》	四个管理文件：《农村劳动力转移培训阳光工程项目管理办法（试行）》《农村劳动力转移培训财政补助资金管理办法（试行）》《农村劳动力转移培训基地认定原则意见》《农村劳动力转移培训阳光工程项目检查验收办法（试行）》
2005 年 5 月	（农业部、财政部、劳动与社会保障部、教育部、科技部、建设部）《关于做好 2005 年农村劳动力转移培训阳光工程实施工作的通知》	继续按“政府推动、学校主办、部门监管、农民受益”的原则，以市场需求为导向，以农村劳动力转移就业前的短期职业技能培训为重点；2005 年安排示范性培训任务 280 万人。培训补助经费由中央财政和地方财政共同负担，以地方财政为主

续表

时间	（部门）政策文件	目标、任务、原则、相关要求等
2006年4月	（劳动和社会保障部、国家开发银行）《关于实施农民工培训示范基地建设工程的通知》	从近3000所技工学校中优选100所，运用国家开发银行政策性贷款给予重点扶持，使其充实培训设施，改善办学条件，扩大招生规模，在农民工职业培训中发挥示范作用。从300个地级以上城市中，优选100个人口规模大、产业密集、职业培训机构集中、劳动者职业培训需求旺的区域性中心城市，运用国家开发银行政策性贷款给予重点扶持，使其在较短时间内建立、完善公共实训基地，带动职业培训集约化
2006年5月	（教育部）《关于教育系统贯彻落实〈国务院关于解决农民工问题的若干意见〉的实施意见》	“十一五”期间，平均每年农村劳动力转移培训和农民工培训达到3000万人次，其中技能培训逐步达到2000万人次；2006年技能培训达1000万人次以上。把农村初高中毕业未升学新增劳动力的职业技能培训作为重点
2006年5月	（劳动和社会保障部）《关于印发农村劳动力技能就业计划的通知》	2006~2010年，对4000万名农村劳动者进行非农技能培训，年均培训800万人；培训合格率达到90%以上，就业率达到80%以上
2007年3月	（国务院扶贫开发领导小组办公室）《关于在贫困地区实施“雨露计划”的意见》《贫困青壮年劳动力转移培训工作实施指导意见》	“十一五”期间，通过职业技能培训，帮助500万名左右经过培训的青壮年贫困农民和20万名左右贫困地区复员退伍士兵成功转移就业；通过创业培训，使15万名左右扶贫开发工作重点村的干部及致富骨干真正成为贫困地区社会主义新农村建设的带头人
2008年11月	（教育部）《关于中等职业学校面向返乡农民工开展职业教育培训工作的紧急通知》	发挥职业教育在促进就业和再就业方面的重要作用，抵御金融危机对农民工就业可能产生的不利影响

续表

时间	（部门）政策文件	目标、任务、原则、相关要求等
2009年2月	（教育部）《关于切实做好返乡农民工职业教育和培训等工作的通知》	继续推进教育部“农村劳动力转移培训计划”和“农村实用技术培训计划”的实施，力争培训规模达到9000万人次。其中，面向返乡农民工和农村劳动力转移培训3000万人次
2009年2月	（国务院）《关于做好当前经济形势下就业工作的通知》	组织开展“春风行动”系列活动，重点做好对新失去工作的农民工和被征地农民的就业服务和职业培训
2009年5月	（人力资源和社会保障部、财政部）《关于进一步规范农村劳动者转移就业技能培训工作的通知》	针对农村劳动者转移就业技能培训工作中存在培训针对性不强、管理不规范、监管措施不到位、个别地方骗取挪用补贴资金等突出问题，在提高培训质量、确保资金使用安全和使用效益方面做出规定
2009年7月	（住房和城乡建设部、人力资源和社会保障部）《关于做好建筑业农民工技能培训示范工程工作的通知》	实施主体以建筑企业为主，培训对象原则上以自愿参加培训的建筑业在岗农民工为主
2010年1月	（国务院办公厅）《关于进一步做好农民工培训工作的指导意见》	按照培养合格技能型劳动者的要求，逐步建立统一的农民工培训项目和资金统筹管理体制，使培训总量、培训结构与经济社会发展和农村劳动力转移就业相适应；到2015年，力争使有培训需求的农民工都得到一次以上的技能培训，掌握一项适应就业需要的实用技能，充分发挥企业培训促进就业的作用
2010年1月	（国务院）《关于加强职业培训促进就业的意见》	“十二五”期间，力争使新进入人力资源市场的劳动者都有机会接受相应的职业培训，使企业技能岗位的职工得到至少一次技能提升培训，使每个有培训愿望的创业者都参加一次创业培训，使高技能人才培训满足产业结构优化升级和企业发展需求。建立以职业院校、企业和各类职业培训机构为载体的职业培训体系

续表

时间	（部门）政策文件	目标、任务、原则、相关要求等
2014年3月	（人力资源和社会保障部）《农民工职业技能提升计划——“春潮行动”实施方案》	实施的重点是农村新成长劳动力。2020年前实施：①就业技能培训。每年面向农村新成长劳动力和拟转移就业劳动者开展政府补贴培训700万人次，培训合格率达到90%以上，就业率达到80%以上。②岗位技能提升培训。每年面向在岗农民工开展政府补贴培训300万人次，培训合格率达到90%以上。③创业培训。每年面向有创业意愿的农村转移就业劳动者开展创业培训100万人次，培训合格率达到80%以上，创业成功率达到50%以上
2014年6月	（教育部）《现代职业教育体系建设规划（2014~2020年）》	优化职业教育城乡布局；建立符合职业教育特点的招生考试制度；推动职业教育面向全社会、面向人人
2014年8月	（教育部、中央文明办、国家发展改革委、民政部、财政部、人力资源和社会保障部、文化部）《关于推进学习型城市建设的意见》	加强企事业单位职工教育培训，提高从业人员能力素质；广泛开展城乡社区教育，推动社会治理创新
2014年9月	（国务院）《关于进一步做好为农民工服务工作的意见》	到2020年，每年开展农民工职业技能培训2000万人次，农民工综合素质显著提高、劳动条件明显改善、工资基本无拖欠并稳定增长、参加社会保险全覆盖，引导约1亿人在中西部地区就近城镇化，努力实现1亿名左右农业转移人口和其他常住人口在城镇落户，未落户的也能享受城镇基本公共服务，农民工群体逐步融入城镇，为实现农民工市民化目标打下坚实基础

续表

时间	（部门）政策文件	目标、任务、原则、相关要求等
2016年3月	（教育部、中华全国总工会）《关于印发〈农民工学历与能力提升行动计划——“求学圆梦行动”实施方案〉的通知》	到2020年，在有学历提升需求且符合入学条件的农民工中，资助150万名农民工接受学历继续教育。（“十三五”期间）每年在全国范围资助30万名农民工接受学历继续教育
2016年12月	（人力资源和社会保障部、财政部、国务院扶贫开发领导小组办公室）《关于切实做好就业扶贫工作的指导意见》	帮助一批未就业贫困劳动力转移就业，帮助一批已就业贫困劳动力稳定就业，帮助一批贫困家庭未升学初高中毕业生就读技工院校毕业后实现技能就业，带动促进1000万名贫困人口脱贫
2016年12月	（教育部、国家发展改革委、民政部、财政部、人力资源和社会保障部、国务院扶贫办）《关于印发〈教育脱贫攻坚“十三五”规划〉的通知》	到2020年，贫困地区教育总体发展水平显著提升，实现建档立卡等贫困人口教育基本公共服务全覆盖。保障各教育阶段从入学到毕业的全程全部资助，保障贫困家庭孩子都可以上学，不让一个学生因家庭困难而失学。每个人都有机会通过职业教育、高等教育或职业培训实现家庭脱贫

（一）零散实践：20世纪90年代

20世纪90年代，民工潮日渐壮大的趋势，引起了地方政府特别是农村劳动力流入地政府部门的重视。农民工在给城市经济与建设带来活力的同时，也给城市管理带来了困难。早年间的进城农民工在涌向城市非农就业部门前，基本没有经过任何技能培训，加之个人文化程度普遍较低，因而只能从事技术含量低、报酬低的工作，而且这些工作极不稳定，零工和短工的形式十分常见。如果还找不到合适的工作，这些农民工除了四处摆摊设点，就只剩下游手好闲了。所以农民工不遵守公共秩序、不讲究公共卫生、违反社会治安甚至触犯法律的事情时有发生。农民工法律意识淡薄还体现在缺乏自我保护意识方面，比如发生工伤事故后，不懂得利用法律来保护自己，劳动权益被侵害现象十分严重。为此，一些地方政府部门从加强民工管理、维护城市治安的角度出发，开展了一定的农民工培训工作。这些零散的实践为后来大规模的农民工培训政策提供了经验借鉴。

比如，江苏省人民政府于1994年11月专门成立了由省政府秘书长为组长，劳动、农工、农业、乡镇企业管理部门分管领导参加的“江苏省农村劳动力开发就业小组”，并在劳动厅设立了农村劳动力就业领导小组办公室，负责全省农村劳动力开发就业的统筹、协调和组织管理工作。一方面，要求劳动力输出地区（主要是苏北地区）政府部门建立专门的输出农村剩余劳动力服务机构，掌握农村劳动力资源的状况，将本地区的劳动力建档设卡，按年龄结构、技术结构、文化结构和择业要求登记造册；做到有违法乱纪行为的不输出，没有一定文化技能的不输出，不符合用人单位要求的不输出；同时，抓好输出前的培训工作，利用技工学校、职业培训中心、成人教育中心、农业职中实行条块联网、辐射办学、长短结合、分层次培训，使劳务输出人员能掌握一门到两门技术。另一方面，要求劳动力输入地区（主要是苏南地区）的基层政府和用人单位做好岗前教育、岗位教育、文化教育、典型教育、社区教育、融合教育[18]。1996年，为了解农民工的就业培训情况，北京零点市场调查与分析公司对包括武汉市在内的全国部分大城市进行了问卷调查。参与武汉地区调研的学者发现，相关劳动管理部门已经开始承担一些农民工培训工作：武汉市、区劳动局利用下属职业培训中心为农民工和其他社会劳动力提供培训服务，这些职业培训中心在行政上受市劳动局劳动服务公司和区劳动局双重领导；这些机构有着固定的场所与一定规模的设施、师资及教材，每年为社会培训的农民工占其所培训人员总数的15%左右；此外，还包括建制式进城农民工的培训，如城建城管部门、建筑行业管理组织为下属系统或企业组织的农民工培训[19]。

（二）政策起步：21世纪初

我们能查阅到的以中央部委的高度发布的农民工培训政策，最早的就是2001年教育部发布的《关于中等职业学校面向农村进城务工人员开展职业教育与培训的通知》。关于开展培训的形式，该文件提到：学校要根据务工人员的需要，开设专业和课程，在招生上要取消年龄限制，简化招生入学手续，有条件的学校可实行注册入学制度，允许他们分阶段完成学业。进行学历教育的，以求学者持有的初中毕业证书、普通高中毕（结）业证书为入学依据，可以一年多次招生。可见，政府部门还停留在传统的“招生入学”形式上，这显然不符合大部分农民工参与培训的心态与需求。

再看关于培训经费的来源，文件要求：在收费上，既要考虑教育或培训的成本，也要考虑务工人员的实际承受能力，按照国家和地方有关文件规定收取学费。对于经济困难的务工人员，可通过设立助学金或酌情减免收费等形式予以资助。如此看来，政府并没有做好从经费上补贴农民工培训的准备，而是要求学校考虑务工人员的实际承受力，这意味着培训成本主要由学校和农民工分担，政府的责任较轻。

因此，从2001年教育部发布的这份通知要求来看，政府对于如何开展灵活多样、符合农民工需求的培训并没有太多办法，或者说在政策执行的可行性方面还缺乏足够的调查与思考。这样的政策在实施过程中的效果也可想而知。

（三）全面实施：2003~2007年

2002年11月，中共十六大报告中提到：农村富余劳动力向非农产业和城镇转移，是工业化和现代化的必然趋势……消除不利于城镇化发展的体制和政策障碍，引导农村劳动力合理有序流动。这显示了党中央对农民工在城市长期、稳定地就业和生活，推动城镇化发展的高度重视。以2003年农业部、劳动保障部、教育部、科技部、建设部、财政部联合发布的《2003~2010年全国农民工培训规划》（以下简称《培训规划》）为标志，全国各级政府和部门开始全面实施大规模的农民工培训，《培训规划》的目标是要在2010年末，基本实现对所有进城农民工的培训覆盖。

正是因为有了极其宏伟的目标和任务，各级政府部门对这份《培训规划》十分重视，在2004~2007年连续出台与《培训规划》相配套的政策举措。这其中，尤其以农业部等六大部门联合实施的“农村劳动力转移培训阳光工程”为重点。“阳光工程”是一项涉及面广、操作性强、规范性强、具有普惠性质的农民工培训项目。与之配套的四个管理文件对项目管理、财政补助资金管理、培训基地认定和项目检查验收都给出了详细规定，并且每年年初都按照相关规定制定培训目标与计划。“阳光工程”旗帜鲜明地规定了“培训补助经费由中央财政和地方财政共同负担，以地方财政为主”的原则，同时要求农民工个人也适当承担一定的培训费用。

同一时期，还有很多令人振奋的培训政策出台，对全面推动农民工培训工作发挥了很大的作用。比较有代表性的政策和项目有：教育部 2004 年开始牵头实施的“农村劳动力转移培训计划”、2006 年劳动和社会保障部以及国家开发银行联合推动的“农民工培训示范基地建设工程”、2006 年劳动和社会保障部组织实施的“农村劳动力技能就业计划”，还有 2007 年国务院扶贫开发领导小组办公室在贫困地区大力推进的“雨露计划”。这些政策一般都有各自的特点和培训的侧重点，虽然在覆盖范围和培训内容上难免重叠，但互相之间更多地还是发挥了农民工培训的互补作用。

（四）应对危机：2008~2010 年

2007~2009 年的全球金融危机对我国经济产生了不小的影响，特别是沿海地区劳动密集型产业外贸订单的急剧下降，导致了大规模的农民工返乡潮出现。农民工返乡潮发生得迅猛而猝不及防，短时间内沿海发达地区的劳动密集型产业又无法实现向中西部地区转移，农民工返回家乡后，陷入了无所事事和迷茫的状态之中。因此，2008 年 11 月，教育部发出了《关于中等职业学校面向返乡农民工开展职业教育培训工作的紧急通知》。这份通知的内容并不多，在给返乡农民工提供什么样的培训方面也没有给出十分详细的行动指南，更多的是强调可以给予返乡农民工学历教育，其实质目的是缓解就业压力，降低社会不安定因素。

2009 年 2 月，教育部再次发文，在《关于切实做好返乡农民工职业教育和培训等工作的通知》中，除了继续强调中职院校扩大招收返乡农民工外，还特别强调了“农村实用技术培训计划”，不但要求围绕产业结构调整和企业技术改造新开项目开展职业技能培训，提高返乡农民工就业的适应能力，还提出要围绕返乡创业组织开展创业培训，提高返乡农民工的自主创业能力。与此同时，国务院在《关于做好当前经济形势下就业工作的通知》中，指出要重点做好对新失去工作的农民工和被征地农民的就业服务和职业培训；人力资源和社会保障部、财政部在《关于进一步规范农村劳动者转移就业技能培训工作的通知》中，对培训工作监管不力、骗取挪用补贴资金等管理问题做出了新的规定；住房和城乡建设部、人力资源和社会保障部还以吸纳了大量农民工就业的建筑业为对象，要求建筑业企业通过建设农民工技能培训示范工程，全面提升农民工培训质量。

事实上，金融危机的出现只是农民工培训政策转型的一个契机。农民工培训工作在经过了一段粗放式的全面推动运动之后，培训针对性不强、培训质量和效率低下、财政补贴资金被侵占挪用的现象已经显露无遗。因此，在应对危机阶段出台的培训政策开始注意到培训实施效果的问题，对如何提高培训的针对性和培训质量、改善补贴资金效率制定了新的办法。在提高培训政策实施效果的对策方面，政府意识到必须充分发挥企业的作用，不但要求企业积极承担起相应的农民工培训责任，还开始努力推动建立以职业院校、企业和各类职业培训机构为载体的职业培训体系。这样的政策思想与举措分别反映在2010年1月发布的《关于进一步做好农民工培训工作的指导意见》和《关于加强职业培训促进就业的意见》之中。

（五）全面深改：2013~2015年

政府对这个阶段的农民工培训政策进行了提档升级，开始从建设现代职业教育体系的全局上考虑农民工培训工作问题，寄希望于通过职业教育体系的完善，将农民工的职业教育与培训工作常态化，以便今后不必为农民工培训工作不断出台专门的新文件。这种做法与思路是正确的，农民工的职业教育本来就应该与全民职业教育融为一体，毕竟农民工只是中国改革与发展历史上一个过渡性的群体。

因此，在2013年11月中共十八届三中全会通过《中共中央关于全面深化改革若干重大问题的决定》之后，农民工培训政策的制定上升到结合经济新常态发展的高度，被纳入我国现代职业教育体系建设规划（2014~2020年）之中，同时体现在《关于推进学习型城市建设的意见》等文件里面。农民工培训工作不再是职业教育领域的孤岛，而是我国职业教育体系建设系统工程的重要环节之一。

尽管如此，由于农民工培训工作的实际效果一直广受诟病，将其完全纳入职业教育体系建设似乎为时尚早，因此这期间还是有两个重要文件出台，为2020年之前的农民工培训工作提出了新要求，分别是人力资源和社会保障部实施的“农民工职业技能提升计划——‘春潮行动’”和国务院发布的《关于进一步做好为农民工服务工作的意见》。前者把政策着力点放在了农村新成长劳动力方面，其目的是希望“十三五”期间农村新产生的年轻劳动力不再存在技能不足的情况；后者则站在农民工市民化的高度，希望在2020年之前，通过技能培训让农民工可以在城镇体面生活，实现1亿人左右的农民工城镇化。

（六）新的挑战：2016~2020年

进入“十三五”时期之后，农民工培训工作又有了新的任务和挑战。一方面是部分素质较高、期待在城市工作生活中获得更多认可的农民工希望获得更高质量的学历教育；另一方面是政府扶贫部门开始大力推动精准扶贫工作，教育扶贫成为这项全国性任务的重要内容。所以就有了教育部、中华全国总工会在2016年提出的“求学圆梦行动”计划，以及2016年12月由国务院扶贫办参与推动的《关于切实做好就业扶贫工作的指导意见》和《教育脱贫攻坚“十三五”规划》。

“求学圆梦计划”要求政府、工会、用人单位和学习者共同分担成本，特别提出地方工会要加大对行动计划的投入，同时要求企业按规定足额提取职工教育培训经费，安排相当比例用于农民工继续教育培训，还希望参与高校对农民工接受学历继续教育和非学历培训进行学费优惠。应该说，这样的经费投入机制相比以前的培训政策并没有太多创新，最大的区别是要求地方工会加大投入，但是当前我国工会在经费筹措方面的能力显然十分有限；而寄希望于企业多支持员工进行学历提升，从多年的实践来看，也不是值得期待的途径。事实上，自从2010年《关于进一步做好农民工培训工作的指导意见》中用大段文字要求“充分发挥企业培训促进就业的作用”以来，几乎每次发布的政策文件都提到要求企业承担起应有的责任，力推校企合作联合培养机制……但是实际效果却一再令人失望——企业的参与积极性严重不足。

“十三五”期间的另一个挑战就是教育扶贫。教育扶贫是我国扶贫政策从“输血式”向“造血式”转变的重要手段之一。教育扶贫比以往的农村劳动力转移就业更困难：一方面，深度贫困农民通常文化基础较差，文盲、半文盲比例较高，年龄也偏大，在学习新事物和新技能方面存在较大障碍；另一方面，深度贫困农民的转移就业意愿可能较低，他们从心理上更难适应城市工作与生活。所以，教育扶贫的重点可能不在成年劳动力的转移就业培训方面，而是把重心放在了加大贫困地区教育资源建设和提高贫困地区教育水平上。《教育脱贫攻坚“十三五”规划》对教育扶贫的内容有着全面而清晰的表述：“对建档立卡学龄前儿童，确保都有机会接受学前教育；对建档立卡义务教育阶段适龄人口，确保都能接受公平有质量的义务教育；对建档立卡高中阶段适龄人口，确保都能接受高中阶段教育特别是中等职业教育；对建档立卡高等教育阶段适龄人口，提供更多接受高等教育的机会；对建档立卡学龄后人口，提供适应就业创业需求的职业技能培训。”其中，凡是有“确保”二字的，都表明政府将对该阶段教育的学费全免，甚至还会提供国家助学金和补助。但是，对于学龄后农村贫困人口，政府并不提供完全免费的职业技能培训。

纵观我国农民工培训政策的历史演变过程，可以看到这些政策的发布都有极为鲜明的时代与社会背景特色：培训政策的制定受到当时经济发展状况、社会人口结构、政府战略导向等因素的综合影响。每一个阶段的农民工培训政策在发布之后，都得到了迅速推进与实施，但是在政策实施过程中，也暴露了很多效率低下、培训资源浪费的问题。

三、实践中形成的农民工培训模式

在我国农民工政策的实施过程中，各地方政府部门与实施机构在实践中因地制宜，逐渐形成了一系列各有特色的农民工培训模式。将农民工培训模式分为政府主导型、企业主体型和市场依托型三大类是比较简洁明了的划分方式，不少学者都从这个角度对农民工培训模式进行了分析（王竹林和吕默，2013；袁庆林、林新奇和洪姗姗，2011）[20][21]。但彭烨和陆素菊（2010）从不同分类角度给出的农民工培训模式细分似乎更全面：一是按照培训主体分为农民工自发培训模式、政府主导的公共职业培训模式、职业院校参与的培训模式、企业培训模式、民办公助的“富平模式”、多元化农民工培训模式；二是按照培训对象分为新生代农民工培训、返乡农民工培训、失地农民培训；三是按照培训方式和机制分为订单式培训模式、培训券模式、职业资格证书的培训模式、短平快培训模式[22]。

可见，划分依据不同，则农民工培训模式的分类结果不同。本书主要根据王竹林和吕默（2013）的分类，从政府主导型、企业主体型、市场依托型三个方面阐述农民工培训模式。

（一）政府主导型培训模式

政府主导型培训是指由政府有关部门组织，通过提供培训补贴，部分免费或完全免费的公益性农民工职业技能培训。在培训具体实施过程中，政府部门可能借助于第三方培训机构（包括社会培训机构和职业院校等）来提供培训服务。

1. 政府全额负担的职业教育模式

严格来说，这种模式与通常意义上的农民工培训模式有很大不同，它更接近学历教育，因为该模式主要用于增加农村初高中毕业未升学新增劳动力的职业学校教育经历，且部分满足条件的学员在学业期满可以获得学历证书。初高中毕业未升学的农村学生年龄在 15~18 岁，有一定文化基础，学习能力比其他农村剩余劳动力要强很多，所以针对这个群体可以提供一些时间长、内容深的职业教育与培训。而且，部分接受这种职业教育与培训的农村“两后生”，通过学习达到毕业条件的，还可以获得相应层次的学历证书。具体而言，如果是农村初中毕业生，可以凭初中毕业证，免费进入中等职业教育学校学习，经过 2~3 年的中职学习，既可以获得职业技能，又可以提升学历。政府对农村学生中职教育学费全额财政拨付，中等职业学校只需提供学生在校学习以及顺利毕业的证据即可①。如果是高中毕业生，想免试甚至免费进入高等职业学校学习，则通常需要满足一定的资格条件，比如来自政府登记认可的贫困家庭的农村学生。

政府全额负担的职业教育模式还包括为农村初高中毕业未升学学生提供免费的劳动预备职业培训。2010 年国务院在《关于加强职业培训促进就业的意见》中提到，对城乡未继续升学的应届初高中毕业生参加劳动预备制培训，按规定给予培训费补贴的同时，还要对其中的农村学员和城市家庭经济困难学员给予一定的生活费补贴。劳动预备制培训所需要的时间也较长，一般要 1~3 年，但是这种培训结束后，没有学历证书。

因为不需要农村家庭投入太多费用，而且该政策主要面向刚毕业的初高中农村学生，这类人群继续学习的愿望较强，所以政府全额负担的学校职业教育模式受到农村地区“两后毕业生”的欢迎，特别是那些来自贫困农村家庭的学生。但是近年来，随着中职教育免费范围的逐渐扩大，中职教育的吸引力反而有所下降。目前就读中职学校的学生，主要以农村生源为主体，家庭经济困难学生比较多。另外，中职学生生源大多是文化成绩偏低、无法入读普通高中的学生，因此，中职学校被许多家长、学生视为“低人一等的教育”。在许多学生、家长眼中，读中职、技校是不得已的选择，社会对职业教育认同度比较低。这种观点在城市与农村都有很大的流行性，一些学生尽管选择了中职，但打心眼里看不上中职，也就不大珍惜中职的学习机会，荒废时日，最终造成国家教育资源的极大浪费。

2. 政府招标购买培训模式

除了农村初高中毕业未升学学生之外，还有大量成年剩余农村劳动力，这个群体的农民工有很多已经成家立业，没有太多精力投入到长时间的职业培训活动中；对于单身的新生代农民工而言，就算暂时没有养家糊口的压力，但是把大量时间用于没有明确就业目的的职业培训，在部分人

① “中共中央关于制定国民经济和社会发展第十三个五年规划的建议”明确提出，要“逐步分类推进中等职业教育免除学杂费”，这意味着实施多年的中职免费政策范围将进一步扩大，中职教育即将进入“全免费时代”。

看来似乎也是不理智的行为，培训机会成本和就业风险都是这个群体的农民工需要认真考虑的。所以，追求“时间短、见效快”，成了他们是否参与职业培训的主要评价标准。

政府招标购买的第三方培训模式考虑到了上述农民工的特点，政府在通过财政专项资金购买第三方提供的培训服务时，往往很明确地指出仅提供短期技能培训。比如“阳光工程”就规定培训项目以短期的职业技能培训为重点，辅助开展引导性培训，培训时间为15~90天；“农村劳动力技能就业计划”规定培训时间以3~6个月为主，使参加培训的农村劳动者至少掌握一项技能，且能够达到用人单位上岗要求。针对贫困地区推出的“雨露计划”要求培训时间一般在3~6个月，最长不应超过1年（部分贫困地区开展特困学生接受学历培训补助试点的时间可适当延长）。

为保证政府购买培训成果制度的公正性，对第三方培训机构（可以是各类职业学校、社会培训机构，还可以是企业或校企联合体）必须有一定的资格审查与监管要求；同时，为保证培训质量与效率，在实施过程中引入培训项目招标也是理所应当的。因此，在这种模式中，以“条件公开、自愿申请、择优认定、社会公示”的原则为指导，地方政府都制定了承担政府补贴培训任务培训机构的基本条件、认定程序和管理办法，并组织专家进行评审，对符合条件的向社会公示。有意愿且具备相应条件的培训学校与机构，必须首先提出申请，经审批获得开班资格，在培训过程中还要接受定期检查，培训项目完成后接受审核，如此方能获得相应的政府培训补贴金额。

需要说明的是，在这种模式中，政府部门除了要做好培训机构的筛选、培训过程的监管和培训结果的评价之外，还要负责引导、组织符合政策标准以及规定数量的农民工参与培训；此外，具体提供哪些工种培训，也需要由政府部门根据其掌握的产业结构与就业需求信息来做好规划与指引。这显然对政府部门负责培训项目实施的人员提出了极高的要求。事实结果也表明，政府部门在完成这些工作时显得力不从心。组织混乱、培训走过场、培训内容缺乏针对性、培训资金被骗取的现象屡见不鲜。

政府购买培训服务，本应该是一项效率较高的培训模式，为何实际效果却并不尽如人意呢？农民工真实参与意愿不足是问题的关键，培训机构的逐利行为是问题爆发的催化剂。由于培训机构的筛选与管理、培训工种和内容、培训时间安排，甚至受培训人员的选择都是由政府主导安排的，而政府并不是万能的，管得越多，“政府失灵”的可能性就越大。比如，政府部门真的了解哪些农民工需要培训以及他们需要什么样的培训吗？在信息不对称普遍存在的情况下，政府部门真的能够有效监管与评价培训机构的培训绩效吗？答案显而易见。对农民工而言，他们会问自己一个简单的问题：我为什么要参加这个培训？培训免费或者只需要少许费用有一定诱惑力，但是如果学而无用，就是在浪费宝贵的打工挣钱时间。所以关键是要学有所用，能切实提高就业能力和就业收入。然而有明确就业去向的订单式培训往往只占极小的比例，多数培训活动提供的培训内容都是没有明确就业目的和去向的。对培训机构（学校）而言，它们的逻辑很清晰：参与培训的好处是什么？是利益还是声誉？表面上积极响应政府号召，努力为农民工群体提供培训服务，但真实的动力却是可以从中获利。特别是当有资格获得公益培训的农民工对培训项目毫无兴趣，进而和培训机构串谋获取培训补贴的时候，政府对这样的投机行为将毫无办法。

（二）企业主体型培训模式

企业主体型培训模式是指主要依靠企业作为培训载体，由企业来制定具体的农民工培训计划和内容，而且这种培训通常与农民工就业紧密相连。

1. 企业自主培训模式

企业自主培训模式是指用人单位为了更好地利用劳动力，提高农民工岗位胜任能力和工作效率，对农民工开展的职业技能培训。该模式以各个用工企业作为培训主导者，具体采用在岗培训、集中培训、外包培训、师徒培训以及“干中学”等方式进行培训。在企业自主培训模式中，相关的培训费用通常由企业负担，农民工个人即使承担一定的成本，也只是以培训期间降低工资待遇的形式来实现。因此，企业自主培训模式不得不面临的一个难题是，企业花费在农民工培训中的人力资本投资是否可以有效收回？

如果农民工经过企业培训之后很快离开企业[①]，那么企业付出的培训成本就是一种巨大的损失。因此，要扫除企业开展农民工培训的顾虑，就必须建立一种激励机制，在保证企业培训投资回报率的同时，还要满足农民工的需求，调动农民工的参与积极性。

2. 有补贴的企业培训模式

企业自主培训模式无法克服企业积极性不足问题，而政府主导型培训模式又暴露出效率低下问题，那么是否可以将企业培训和政府补贴进行有效结合呢？在我国农民工培训政策的历史演变中，可以看到政策制定者逐渐意识到由政府主导农民工培训的不足，并且已经在努力尝试调动企业参与培训的积极性。

既然政府可以补贴培训机构和培训学校，那为什么不可以补贴企业呢？因为最终解决农民工就业的，还是企业。不过，这种转变是逐步实现的。政府部门起初并没有足够注意到企业提供培训的重要性，认为培训任务主要还是依靠职业院校和培训机构，所以在实际操作中，往往强调全面推动农民工培训的校企合作，改革培训课程，创新培训方法，引导职业院校、企业和职业培训机构大力开展订单式培训、定向培训、定岗培训。鼓励校企合作虽然可以把企业部门引导进来，但并没有把企业的培训贡献最大化。

随着时间的推移和实践经验的总结，政府培训补贴资金的转移支付方式发生了变化，不再局限于向培训机构购买培训，而是把补贴行为与农民工在企业就业、职业资格获取紧密联系起来，根据实际情况积极推进直补个人、直补企业等培训补贴方式。比如，只要劳动者参加就业技能培训或创业培训，培训合格并通过技能鉴定取得初级以上职业资格证书（未颁布国家职业技能标准的职业应取得专项职业能力证书或培训合格证书），根据其获得职业资格证书或就业情况，就可以获得补贴（补贴给农民工个人，而不是企业）；企业新录用的符合职业培训补贴条件的劳动者，由企

---

① 我国劳动合同法认为，与企业相比，劳动者是弱势一方，当出现劳动合同纠纷（违约）时，法律倾向于优先保护劳动者的利益。所以，如果农民工主动离职，农民工需要补偿给企业的费用往往无法弥补企业相应的损失。

业依托培训机构或政府认定培训机构开展岗前培训的，按规定给予企业一定的培训费补贴①。对通过初次职业技能鉴定并取得职业资格证书或专项职业能力证书的，按规定给予一次性职业技能鉴定补贴（只是鉴定补贴，不是培训补贴）。

有补贴的企业培训模式与其他模式相比，更有利于调动企业的培训积极性，也更利于农民工通过培训之后尽快就业，既满足了企业需求，也提高了农民工就业水平。但是，目前这种模式还有很多需要改进的地方，比如最好由企业来安排和设计培训内容，由企业来挑选合适的农民工参与培训，且可以尝试培训补贴直接发放给企业，而不一定非要与培训机构或者职业院校进行捆绑。换言之，还可以进一步强调和突出农民工培训中的企业地位和作用，全力提高企业参与积极性。

（三）市场依托型培训模式

市场依托型培训是指由农民工个人完全自费参与的社会机构提供的技能培训，也包括个人自费投入的职业学校教育与培训，如成人教育、电大夜校培训等，其关键特点是个人主动出资投入的技能培训。市场依托型培训模式由各类商业培训机构、职业培训院校作为培训提供方，农民工群体作为受训方。民间拜师学艺在某种程度上，也可以划为市场依托型培训。这是因为民间拜师学艺中，作为学徒一方，不但要免费（或者以极低的报酬）为师傅工作，而且还要根据习俗和惯例，在特定时间给予师傅一定的物质回报。

市场依托型培训模式的培训机构在培训内容安排和培训手段使用上，具有一定的先进性和社会适应性，因而相比政府公益培训更具有吸引力。但是根据本书的调查，在有培训经历的农民工中，大约只有1/3的人会自费到各类商业培训机构、职业培训院校去参与技能培训，不过这个数据至

① 企业领取补贴的前提是依托培训机构或政府认定的培训机构开展岗前培训，可见该规定依然强调了企业要与培训机构或职业院校合作，并没有完全认可企业培训的地位。

少超出了参与政府部门培训的农民工占比①。这说明有一定比例的农民工希望从各类商业培训机构获取更多的职业技能，但是考虑到费用支出、精力占用等因素，很多年龄偏大的农民工会放弃这种想法。何腊柏（2006）认为，我国农民工培训效率不高的根本原因在于现行农民工培训体系与市场经济体制不相适应，要构建和完善与市场经济体制相适应的农民工培训体系，就应该运用市场化方式着力解决谁为农民工培训负责、哪些农民工应该成为优先培训对象，以及如何选择和确定具体承办农民工培训工作的培训机构等问题[23]。

此外，随着社会进步和互联网的发展，市场上出现了丰富多样的教育资源，如职业院校开放办学、职业教育集团、社区学院、开放大学、在线学习网站等，这些都可以为农民工市场化职业教育与培训提供更多的学习机会和资源。

综上，我们依据农民工培训费用的主要负担者，把农民工培训模式划分为了政府主导型、企业主体型和市场依托型三种。简单来说（尽管不够严谨），政府主导型培训模式的费用主要由政府承担，企业主体型培训模式的费用主要由培训企业承担，而市场依托型培训模式的费用主要由农民工个人来承担。如果按照其他标准来划分，农民工培训模式还可以有其他名称。如按照培训内容来划分，可以把农民工培训分为一般技能培训和专用技能培训；按照培训发生时农民工的工作状态，可以分为在岗培训和脱岗培训；按照农民工培训发生的时间，可以分为岗前培训和在岗培训。此外，还有一些特殊的职业培训形式，如拜师学艺当学徒工、“干中学”，如果不严格区分，它们实际上也可以分别划归市场依托型培训和企业在岗培训。

① 本书第五章的问卷调查中提供了相关数据：在有培训经历的农民工中，自费参与社会机构培训的农民工占比大约为34%，参与政府部门培训的农民工占比仅为16%。

第三章　政府主导农民工培训的利弊

一直以来，政府主导农民工培训被社会各界认为是理所应当的事情，所以本章对政府主导的农民工培训模式从正反两方面进行反思，分析该模式的有利之处，同时详细总结该模式在实践中已经暴露出来的弊端。最后，用一节单独论述农民工培训模式从政府主导向以企业为主的转变趋势。

一、政府主导农民工培训的有利之处

（一）有利于政府适度干预农民工培训

1. 农民工培训市场失灵

一般认为，市场失灵是指单凭市场机制的自发调节难以达到帕累托最优状态，即未能达到资源的最优配置状态[24]。造成农民工培训市场失灵的原因是多方面的，如农民工培训的有效需求不足、市场上培训供给产品质量低、培训市场买卖双方信息渠道不顺畅等，上述原因最终导致农民工培训市场在资源配置方面呈现出低效率运行的非理想状态。许昆鹏等（2007）对中国农村劳动力转移培训市场失灵的原因进行了较为详细的分析，认为劳动力市场的歧视、企业培训追求利益最大化的经济性本质，把年龄大、学历低的农村劳动力排除到培训市场之外；培训信息的缺乏、超大的劳动强度、有限的经济收入、沉重的生活压力使已进城就业的农村劳动力无力把潜在的培训需求转化为现实需求[25]。

世界发达国家早在18~19世纪就实现了工业化和城镇化，当时为推动农业人口向城市转移，在农业人口职业技能培训方面，其政府部门也进行了适度干预。英国、美国、日本的城镇化分别起始于18世纪60年代、19世纪60~70年代和19世纪70~80年代，为应对城镇化，英国、美国、日本三国政府在农村劳动力培训中扮演了十分重要的角色。其政府部门出台了完善的职业教育与培训法律，组织各类型协会、企业、大学等社会团体与组织机构积极参与培训，同时在培训资金来源方面提供了大力支持。例如，英国政府通过教育拨款委员会拨款，并向社会团体、企业和个人征收特别税来筹集资金；美国除了由政府部门出资之外，还要求地方学区与县郡资助，并发动企业、个人和社区募集活动；日本政府则通过直接资助和长期低息贷款来筹集培训资金[26]。

中国改革开放40年来，城镇化进程日益深入，农业转移人口的市民化是我国21世纪经济与社会发展必须解决的重大问题。农民工能否在城镇稳定就业，真正做到“进得来”、“留得下”、“住得久”，其问题的关键还是让农民工拥有足够的工作技能和生存本领。因此，农民工培训并不只是农民工个人的问题，而且是整个国家、整个社会的问题；农民工培训在某种程度上已经具备准公共产品的性质，而公共产品的提供通常需要发挥政府干预的作用。针对当前中国农村劳动力数量大、整体素质低、技能水平不高、收入水平低的现状，有效的农村劳动力转移培训机制应该是“政府主导、市场化运作”，既要实现公益性目的，又要保证培训的效率（许昆鹏等，2007）[25]。因此，为促进新时期我国经济的可持续发展与社会和谐，政府部门就必须主动承担起农民工培训的相应责任，特别是在资金扶持方面要有足够的投入。

2. 政府干预农民工培训的范围

我国学者大多认为在农民工培训实践中，政府应该扮演合适而积极的角色，在财政支持、宏观引导和制度供给等方面，都必须有所作为。例如，陈钰（2012）指出，政府应建立新生代农民工的补偿教育体系，即通过流入地政府提供补偿教育培训、建立技术工种认证体系、把新生代农民工阶层转化为技术工人阶层、发放教育培训券、扶助成人教育等措施来解决新生代农民工教育问题[27]。潘寄青和沈洊（2012）明确指出，新生代农民工的职业培训属于准公共产品，存在着严重的市场失灵，应明确政府作为责任主体的职能；政府的宏观导向与协调，是培养大量有一技之长的新生代农民工的重要保障；在农民工职业培训市场上，政府既要提供制度激励，又要进行制度约束。我国应形成政府与市场相结合的模式，政府制定政策，统筹规划，协调办学资源，形成以市场为导向、充满活力的职业培训机制[28]。

在农民工培训的财政支持制度方面，除了对实施培训的机构和企业发放补贴之外，政府干预的常用手段和途径是购买培训公共服务。购买公共服务是新公共管理理论和政府改革实践的产物，它为解决农民工培训问题提供了新的尝试，如果机制设计合理，在运作过程中可以使农民工享受优质、高效的培训服务。然而，在我国政府购买农民工培训服务的实践过程中，出现了农民工培训与职业需求不吻合、培训绩效评价机制不健全、社会服务供给能力参差不齐的现象。因此，农民工培训的财政支持政策必须通盘考虑，政府部门还必须积极培育社会组织，强化培训监督和评估机制，通过健全的培训体系以及规范化的运行机制，真正发挥出政府购买农民工培训服务应有的效率和作用[29]。

需要特别强调的是，尽管市场调节机制存在失灵的可能，但是政府干预也不是万能的，也有其内在缺陷和失灵、失败的客观可能，关键是寻求市场机制与政府调控的最佳结合点，使政府干预在匡正和纠补市场失灵的同时，也避免和克服政府失灵。因此，政府干预农民工培训市场也必须有合适的程度，既积极承担起政府应该负有的责任，又能正确引导市场主体发挥其各自应有的作用，努力在市场机制和政府干预之间寻求平衡。

（二）有利于政府构建农民工培训体系

农民工培训涉及诸多利益主体和社会组织，如果没有一个有效的运行机制和管理体系，农民工培训的效率必定得不到保证。因此，政府部门必须通过完善法律法规、构建制度体系、优化激励机制来全方位推动农民工培训工作。

农民工培训体系至少涉及以下利益主体和社会组织：政府部门、行业组织、培训机构、各级各类职业学校、用工企业和农民工。徐卫（2014）对农民工培训中各培训主体的主要职责进行了总结，认为政府部门至少应该承担以下职责：拟订农民工培训规划，确立农民工培训目标，制定农民工培训配套政策；编制农民工培训财政预算，安排农民工培训经费投入相关工作；按市场竞争机制选择和确定农民工培训机构；对农民工培训机构承担农民工培训的过程进行检查、监督和监控；对农民工培训效率和效果进行考核评估；组织开展农民工技能鉴定及职业资格认证工作[30]。由此可见，政府部门在农民工培训工作中需要发挥顶层设计和制度供给的作用，从整体角度考虑各方利益，构建具有激励约束机制的农民工培训体系。

基于上述考量，许多学者都提出了应该由政府部门牵头组织实施农民工培训的观点。比如，何爱霞和刘雅婷（2017）建议政府部门应努力推动多方力量协同参与，搭建“四位一体”教育培训体系：加强政府对农民工教育培训的引导扶持，落实企业开展农民工教育培训的主体责任，鼓励学校积极介入农民工教育培训，发挥社区在农民工教育培训中的独特优势[31]。类似地，刘冰和陶海青（2008）认为，农民工培训工作必须充分发挥政府的领导作用，制定政策措施、发展规划，对资源配置、条件保障进行统筹管理，组织和协调社会各方面的办学力量、办学资源，培训活动经费则由政府、行业、企业、社区共同筹措、共同组织[32]。马建富（2014）则提出，要促进农民工市民化，就必须构建以输入地和输出地衔接为重点的现代国民职业教育培训服务体系，建立以政府为主导、校企为主体、非政府组织为补充的职业教育培训体制，强化以新生代农民工为主体的补偿职业教育培训，加强对农民工市民化职业教育培训的制度配置与政策创新[33]。

关于农民工培训体系的构建，关晶等（2013）提出了一个较为新颖的观点，即引入西方现代学徒制来推动农民工培训，认为当前我国农民工培训的现实困境主要表现为吸引力欠缺、有效性不足，如果运用现代学徒制开展农民工培训可以有效解决这一困境。具体策略包括：明确现代学徒制的法律地位，以积极的财政措施激励农民工及企业的参与；建立阶梯化的现代学徒制体系并纳入正规学制，为农民工构建继续学习和社会向上流动的路径；建立现代学徒制的监督管理制度，为农民工的学习与经济权益提供有效保障[34]。应该说，如果能利用现代学徒制构建农民工培训体系，必定对减轻政府培训负担、调动企业培训积极性大有帮助，但是这种培训体系在建立之初，依然有赖于政府的大力推动。

总而言之，在农民工培训中发挥政府的主导作用，对于建立制度体系、搭建培训平台具有先天优势。

（三）有利于快速推进农民工培训工作

政府主导农民工培训的一个鲜明特点是，培训活动可以通过项目的形式推出，然后依托行政机关层层下达，以最快的速度落实到基层，短期内形成立竿见影的效果。比如，有关部门在春节前后利用几天时间，将返乡农民工召集起来，开展短期职业技能培训。

集中资源和力量办大事，是政府主导农民工培训的优点。通过财政补贴、税收优惠等措施，政府部门能快速调动大量培训机构参与进来；同时，根据农业、劳动、民政、教育等相关部门提供的资料与统计数据，能便利地获取农民工的整体就业情况和培训需求。从宏观上把握上述信息之后，制定相应的培训政策并要求迅速落实，的确能在短期内完成相当数量人次的农民工培训任务。

当然，政府直接提供公共培训的效率并不高，原因是政府的培训计划有可能与现实脱节，缺乏针对性。因此，比较合理的选择是通过培训券等方式将政府资助款交给农民工，由农民工自主选择学习何种技能，这种方式在浙江、江苏等地实行之后，效果良好。除此之外，还可以考虑以政府担保的方式为农民工提供专项贷款，以缓解农民工参加培训时资金短缺的困难[32]。

二、政府主导农民工培训的弊端

我国农民工培训政策十几年来取得的成绩是毋庸置疑的，一个最直观的数据就是农民工接受培训比例的上升，比如2001年新转移的农村劳动力中，受过专业技能培训的只占18.6%，2016年这一数据为30.7%①。但是，这样的成绩并不值得骄傲，因为还有大部分的农民工没有得到应有的职业培训；那些接受了职业培训的农民工的工资收益增长也并不明显，培训收益率偏低。造成这种局面的原因，与我国农民工培训政策及其实施过程中存在的问题密不可分，这些问题都暴露出了政府过度干预的倾向以及过度干预造成的不良后果。

（一）组织管理效率低下

截至目前，我国农民工培训政策的政府导向十分明显，政府部门承担了大量的培训组织管理工作，但实际管理效率却差强人意。农民工培训总体上受农民工欢迎，也取得了相当成效，还创造了若干经验。但现有的一些农民工培训脱离农民工实际需求，呈现比较明显的运动化、戏剧化特点。一些培训活动虽然形式上轰轰烈烈，但实际绩效不佳，且使基层政府与农民工疲于应付。农民工认为，培训的覆盖率低，培训效果差，培训过程像表演，培训过程管理僵化死板，培训资源浪费严重。农民工没有得到真正实惠，培训机构双向谋利，政府的绩效管理副作用明显[35]。因此，农民工培训需要新的执行与监督机制。

有研究者把政府在农民工培训方面的组织管理工作特点总结为“五重五轻”现象：重政府培训项目和工程建设，轻专业行业培训质量标准建设与市场调节政策引导；重参加培训的规模数量，轻参加培训的质量效益；重对微观个体的培训资助，轻对宏观群体的培训扶持调控；重培训机构资质的申报审批，轻对培训机构的跟踪调查评价；重提高农民工素质的基础性、引导性培训，轻对接企业用工需求的“招工培训”和“再培训”[36]。

一方面是大量亟须获得技能培训的农民工和农村待转移剩余劳动力，另一方面是培训生源组织与管理举步维艰，许多农民工对培训的有效性以及是否可以提高城市工作收入持怀疑态度，要么不愿意参加，要么走过

① 这两个数据分别来自《2003~2010年全国农民工培训规划》和《2016年农民工监测调查报告》。

场，有的甚至想方设法和培训机构一起骗取政府培训补助。与此同时，政府对培训机构的监督管理也存在较大漏洞。比如，主管培训的政府部门管理人员参与办学，对培训学校的资质审查不严或没有统一标准，信息披露不及时、不充分；培训学校购买、编造农民工信息，编撰虚假培训资料，骗取财政补贴；等等。可见，类似于“阳光工程”“雨露计划”这种政府招标购买培训服务的做法虽然有其合理性与科学性，但是在农民工培训的政策实践过程中却走了样，政府部门管得太多，反而成了信息不对称最大的弱势方。

（二）培训项目缺乏统筹

培训项目缺乏统筹的最大根源是培训项目政出多门。回顾我国农民工培训政策的历史，不同的培训政策往往由不同的部门和机构负责牵头，或者由多个部门联合下发。“农村劳动力转移培训计划”、“阳光工程”、“培训示范基地建设工程”、“农村劳动力技能就业计划”、“雨露计划”、“建筑业技能培训示范工程”、“春潮行动”、“求学圆梦行动”等，这些都是涉及面比较广、持续年限长、比较重要的农民工培训项目，仅这些项目涉及的负责部门和机构就有十来家，包括教育部、农业部、财政部、劳动和社会保障部（人力资源和社会保障部）、教育部、科技部、建设部（住房和城乡建设部）、国务院扶贫开发领导小组办公室、中华全国总工会、国家开发银行。培训项目政出多门会造成以下后果：对政府内部而言，下级机关疲于应付上级下达的各种培训项目任务，归口不同部门的培训项目之间没有协调，基础工作反复实施，信息与建档资源不共享（如项目宣传、农民工信息、培训机构资格认定等）；对农民工而言，会觉得政策混乱，难以区分不同培训项目之间的差别，误以为是做同样的培训（事实上也的确会因为不同项目之间缺乏沟通与协调，出现重复培训的情况），不但提不起参与培训的兴趣，甚至会产生反感情绪。

培训项目缺乏统筹的另一个问题是国家财政资金得不到集中管理。培训项目管理条块分割、地区分割，培训项目的任务都是按各自的部门从上而下分配，各自有不同的培训标准和补贴标准。各部门在进行财政资金预算时都是分开上报，然后在部门渠道内逐级分配培训经费，导致国家在农民工培训方面投入的资金很难发挥统筹效益。而且，由于这些政府部门往往只重视培训机构资质的申报审批（各部门制定的资格审查标准也不统一），忽视对培训机构实际培训情况的监督与评价，导致部分学校的投机主义行为盛行，不但擅自减少培训时间和内容，还在肆意侵占扶贫和培训资金。

(三) 培训内容针对性差

培训内容针对性差体现在两方面：一是不满足农民工的真实培训需求，二是不符合社会对劳动者技能的要求。农民工培训项目的宣传发动、培训对象筛选、培训实施与监管，涉及很多环节和方面，管理复杂，许多地方政府既缺经费，又缺人手。面对超出能力范围的任务，政府部门往往只追求面上绩效和数据的达标，如年总培训人次完成率、培训资金拨付率等，既不了解农民工的真实培训意愿，不去帮助农民工克服培训障碍（如农民工希望学习便利、支出经济、培训技术难易适中、培训结业就能上岗等），又不掌握产业结构调整和企业技术转型需要的职业技能，只提供一些一般的职业培训，这就使农民工培训项目成了形象工程，缺乏应有的内涵与质量。

“形象工程”导致的结果是：一方面，农民工没有真正参与学习。总培训人次并不代表农民工在这期间实实在在参与了培训，农民工并没有在培训课堂上认真学习，因为他们不感兴趣，甚至很多时候农民工只是报个名、交个材料而已（有时候这些工作还是培训机构代办）。另一方面，职业培训机构没有提供符合要求的培训。当前的职业培训机构在培训基础设施和师资队伍建设方面比较滞后，产学结合不足。培训机构发展不平衡，培训体系不健全，对不同层次、不同内容、不同方式的培训工作缺乏整体协调和宏观布局。产业主管部门、行业协会和重要企业与职业培训机构之间缺乏足够的联系。又因为无须承担农民工就业的直接压力，所以导致职业培训机构所提供培训内容落后、老化，不符合市场和企业需求；培训机构所采用的培训手段也落后，教学方法单一，重理论、轻实践，达不到培训效果。周小刚（2014）认为，尽管新生代农民工有较强的培训意愿，但培训满意度普遍不高，特别表现在培训时间和培训费用方面。培训服务的短板因素主要在培训课程设置和培训教师水平两个方面，导致培训质量不高和培训迁移效果有限。他认为，通过以新生代农民工职业生涯发展为目标，建立“综合发展能力”导向的梯次结构培训体系，采取多元化新型培训方式，集中与分散结合，整合培训资源，可有效提升新生代农民工职业培训质量[37]。

最终实践也证明，在当前政府主导农民工培训的大环境下，社会只能提供最低层次、最简单的职业培训，这些培训对农民工缺乏足够的吸引力，无法让农民工获取足够的技能以应对经济新常态下产业升级的需要，也就无法保证农民工在城市有相对稳定的工作和较高的收入。

（四）企业参与严重不足

充分发挥企业在农民工培训中的作用，这个观点是逐步形成、逐步深化的。政府和市场好比农民工培训工程的两条腿，缺一不可。我国实施近20年的农民工培训工作，一直是政府挑大梁，单腿跳，效果可想而知。企业是最重要、最主要的市场参与主体，建立“政府+企业”共同发力的农民工培训机制，就是要把企业参与积极性调动起来，实现两条腿走路。

然而不幸的是，由于培训活动具有较高的外部性，农民工流动性大，企业对农民工的培训缺乏信心，对农民工有重用轻养的倾向。因此，如何调动企业参与积极性，扩大企业参与农民工培训的覆盖面，是一件摆在政府和社会面前的大难题。企业毕竟不是政府部门，它有其社会责任，但也有追逐利润最大化的本性，政府在要求其承担农民工培训的社会责任的同时，还必须照顾到其相应的利益诉求。

目前已有一些尝试，比如通过“直补个人”和“直补企业”调动市场培训积极性特别是企业参与积极性，但是这些实践还不成熟，也远未成为一种可大范围推广的培训模式。实际情况是，目前对企业在农民工培训中应该承担哪些责任还缺乏足够明确和细致的法律与规范，对企业实施农民工培训也缺乏有效的激励措施。尽管国家已经把新录用农民工在岗培训纳入职业培训补贴范围，但这一政策的执行情况还不是很理想。企业对在岗农民工的技能提升培训、转岗培训并不重视，与外界职业学校、培训机构的合作太少，利己主义思想过于严重。因此，以企业为主要载体的农民工培训工作格局尚未形成，企业在农民工培训中的作用发挥不充分。然而，农民工培训必须与企业生产实际相结合，必须把企业作为农民工培训的重要平台和载体，通过在岗培训提高农民工技能素质是今后努力的方向。

三、政府主导型培训向企业主体型培训的转变趋势

政府主导型培训模式是政府基于社会福利最大化考虑，同时兼顾了农民工培训参与愿望和承受能力的培训模式，但它存在“政府失灵”问题。政府委托的职业院校，虽然在专业设置、教学内容、实践基地和就业信息服务等方面具有一定的优势，但存在教育观念滞后、办学模式僵化、培训经费短缺和师资力量薄弱等问题。企业主体型培训模式具有针对性强、效果好等特点，但农民工的流动性使培训具有“溢出效应”，企业追求利润最大化的动机决定了企业参与农民工培训的意愿不足。市场依托型培训模式通过设置合理的市场机制会产生合适的激励，进而使私人部门等市场主体具有培训的可能性，但由于我国劳动力市场不健全，农民工接受市场培训后的就业与收入水平得不到保证，结果市场化培训并没有对私人部门等市场主体的投资行为产生有效激励，因而我国农民工培训市场运行整体上效率不高。

因此，就目前看来，政府主导型、企业主体型和市场依托型三种培训模式都存在一定的缺陷。但是，综合比较而言，政府主导的农民工培训弊端太明显，效率太低，而完全市场型的培训模式又忽略了农民工培训的准公共产品属性。所以，农民工培训模式的发展趋势，应该是通过完善激励机制，逐步从政府主导模式向企业主体模式转变。以企业为主体构建农民工培训模式，显然还有诸多难题需要解决，特别是如何调动企业参与培训的积极性问题。

（一）充分利用企业的培训资源

“中国制造2025”、内涵式发展、创新驱动战略、迈向“工业4.0”等耳熟能详的词语表明，当前我国社会转型亟须培养高技能新产业工人。长期以来，政府主导的农民工职业培训模式聚焦于农民工通用性人力资本和就业技能，这虽然有利于农村剩余劳动力迅速向城镇转移，增加农民工的城市就业数量，却无法从根本上提高农民工的就业质量。农民工城市就业的不稳定性、高劳动强度和低回报状况没有改变；与此同时，经济新常态下的企业为应对产业转型升级所急需的高水平技术工人又得不到满足。

因此，传统的政府主导型农民工培训模式必须退居二线，企业主体型农民工培训模式才是培养更多符合时代和产业需求的技术工人的必经之路。对企业而言，主动培训农民工是当前获取高素质、高技能产业工人的必然要求，也有利于企业自身的技术积累，即企业有需求也有责任在技能人才培养方面进行投入，而不是简单地坐享其成。企业内设培训机构甚至办企业大学，或参与职业教育也是今后政府大力扶持的领域，大型企业兴办职业教育集团也成为当前职业教育改革的热点。职业教育理论与方法已经证明，企业培训农民工在技术传递和积累方面具备科学性，生产实践中的工作过程知识必须通过企业培训和实际操作才能掌握。企业参与农民工培训的好处是不但能避免政府和社会培训的盲目性，提高培训项目和内容的吸引力，还可以将培训和就业紧密结合。本书第五、第六章的实证研究也表明，在各种模式的培训中，企业培训对农民工工资的影响作用最大，有企业培训经历的农民工在心理资本、人力资本等方面都有更多优势，其工作质量与工作收入更高。这启示，今后的农民工培训工作应该在推动农民工企业培训模式方面加大投入，创造企业培训农民工的利好环境与条件。

（二）合理发挥政府的引导作用

令人欣慰的是，近年来农民工培训相关政策日益重视企业的作用，且开始着手通过体制机制建设，为农民工获得更多企业培训机会提供政策与环境支持。比如，“春潮行动”实施方案（2014）在文件开头指导思想中明确指出：“以提升劳动者职业素质和就业创业能力为目标，充分发挥政府、行业企业、社会团体、院校和职业培训机构等各方面作用……”该文件把行业企业的地位放在了仅次于政府部门的第二位。“春潮行动”实施方案全文3000多字，有15次提到“企业”二字。还有很多强调企业作用的文件表述：“鼓励企业组织农民工进行培训，符合相关规定的，对企业给予培训补贴。鼓励大中型企业联合技工院校、职业院校，建设一批农民工实训基地。”① “研究制定促进校企合作办学有关法规和激励政策，深化产教融合，鼓励行业和企业举办或参与举办职业教育，发挥企业重要办学主体作用……企业开展职业教育的情况纳入企业社会责任报告。”② “2020年……行业企业和职业院校共同推进的技术技能积累创新机制基本形成……大中型企业参与职业教育办学的比例达到80%以上……在有条件的企业试行职业院校和企业联合招生、联合培养的学徒制，企业根据用工需求与职业院校实行联合招生（招工）、联合培养。”③ “参与院校要深化产教融合、校企合作，根据农民工成长规律和工作岗位的实际需要，与企业共同研制工学结合人才培养方案，建立校企双导师制和弹性学制，真正实现校企一体化育人。鼓励在农民工集中的代表性行业和大中型企业建设‘农民工继续教育学习与实训中心’。”④

由此可见，企业主体型农民工培训模式是今后发展的新趋势，只是截至目前，在探索构建企业参与农民工培训的动力机制方面，还十分欠缺。换言之，虽然政府发布了政策一再强调，也给出了一些具体实施意见，但是这些举措依然缺乏足够的可操作性，依然无法调动企业参与积极性。而企业担心的培训成本与收益问题，并没有得到可靠而正面的应答——无论是实践证明，还是理论分析结果。

① 国务院《关于进一步做好为农民工服务工作的意见》，2014年9月12日。

② 国务院《关于加快发展现代职业教育的决定》，2014年5月2日。

③ 教育部《现代职业教育体系建设规划（2014-2020年）》，2014年6月。

④ 教育部、中华全国总工会《农民工学历与能力提升行动计划——“求学圆梦行动”实施方案》，2016年3月1日。

（三）充分调动企业参与积极性

有学者（和震和李晨，2013）强调了企业的重要作用，认为企业应成为农民工培训的主体。但现实情况是，企业培训的主体意识尚未形成，企业培训成本高，企业与企业之间存在差异性，企业培训也缺乏相应的政策法规支持。因此，要提高企业培训农民工的积极性，就需要改革我国现代职业教育体系，完善企业技术技能积累体系；应该从制度和政策法规方面着手，给予企业培训更多支持，构建有利于企业培训的制度环境，从而提升企业培训的主体意识[7]。

理论上，只要企业培训的收入大于投入，而培训者的收益大于成本，就是一个双赢的结果，该培训模式就能可持续发展。在现行制度和劳动力市场条件下，企业如果参与农民工培训，农民工的参与意愿可能会大幅提升，但农民工的流动性以及培训后的离职率能否下降，却没有人敢保证，因此企业培训依然面临很大风险。能否通过政府转移支付（类似于职业院校培训补贴），缓解企业参与农民工培训的风险损失呢？这就要看政府补贴的力度有多大。事实上，当前的政策正是采用的这种方法。它可以在一定程度上分担企业培训成本，但是如果培训之后农民工的流动性依然居高不下，则企业从培训活动中不会获得任何额外的好处，那么他们参与这项准公益工程的动力就无法保证。因为企业毕竟不是社会事业单位，他们有利润最大化的冲动。在企业参与的根本动力机制没有解决之前，强迫企业参与进来，最后企业只能获得蝇头小利，则政府的财政补贴很有可能还是会遭到浪费，出现企业和农民工串谋骗取国家补贴的情况（类似培训机构和农民工串谋骗取培训补贴）也应该不足为奇。

政府补贴企业参与农民工培训只能看作是一种外生动力，要想建立企业参与培训的内生动力机制，还是要努力降低农民工培训后的离职率，让企业的培训投入产生更大的回报。那么，怎样才能让农民工在企业接受培训获得更多技能之后，心甘情愿地继续为企业服务呢？根据信息经济学的机制设计理论，只有一个方法，那就是让接受过企业培训的农民工意识到留在原企业比寻找新工作的预期收益更大，这意味着他们留在原企业比跳槽到其他企业将获得更多的工资收入、更好的职业发展。但是，这样的预期可以实现吗？

在西方发达国家，现代学徒制职业教育已经被广泛证明是培养高技能产业工人的有效途径。现代学徒制要求企业参与技术工人的培训，而且学徒制毕业后，工人可以自由选择离开或者留下。西方国家的企业是如何做到降低这些技术工人的流动率，从而确保培训投入得到足够回报的呢？这背后的原因有很多，除了社会制度、人文因素，政府配套政策也是必不可少的。2015 年，我国企业新型学徒制开始试点，这是一个创新农民工培训模式很好的契机。如何借助我国企业新型学徒制框架，构建企业培训农民工的动力机制，在配套制度与政策上对企业培训农民工予以支持，将是一个需要多方协调支持、共同推进的复杂工程。

第四章　农民工培训收益率估算方法及其缺陷

研究农民工培训模式的收入影响，一个很重要的思路是通过估算不同培训模式的培训收益率，然后对不同收益率进行横向比较，从而明确哪种培训模式是最优的。因此，有必要对农民工培训收益率的估算方法进行深入了解。本章首先阐述了明瑟方程的产生与发展，介绍其用于教育收益率估算所取得的成果，并特别强调了明瑟方程估算教育收益率可能存在的“偏误”问题；其次详细阐述了学术界利用明瑟方程估算农民工培训收益率的进展，并基于文献研究结果，总结出利用明瑟方程估算农民工培训收益率存在的缺陷，为第五章进行的实证研究做铺垫。

一、教育收益率及其估算方法

（一）人力资本投资与教育收益率

1. 人力资本投资

“人力资本”一词最早是由美国著名经济学家西奥多·舒尔茨在1960年提出的。人力资本投资的定义则是加里·贝克尔在《人力资本》一书中提出的，他认为，所有的用于增加人的资源并影响其未来货币收入和消费的投资，都是人力资本投资[38]。美国著名劳动经济学家雅各布·明瑟（Jacob Mincer）在1958年发表的《人力资本投资与个人收入分配》中，通过经济数学模型研究了个人收入与其接受培训量之间的关系[39]，随后又在他的论文《在职培训：成本、收益与某些含义》中，估算了美国在职培训投资总量，以及这种投资的私人收益率[40]。明瑟提出的"收益函数方程"揭示了劳动者受教育年限、工作经验年限与劳动者收入差别的关系[41]。

人力资本理论指出，人们的大部分知识、技术和能力并非与生俱来，而是要通过教育、工作培训等后天途径来获得，这些知识、技术和能力因能提高劳动生产率而使雇主愿意支付高工资，同时也值得个人为其投资[42]。但是，后天的教育和培训对个体的收入增加到底有多大的影响呢？换言之，是否存在一种计算方法，让人力资本投资者可以很清晰而具体地估算教育和培训投入所能带来的收入增加额？

2. 教育收益率

教育收益率（The Rate of Return to Education）也被称为教育回报率，是教育经济学和劳动经济学研究的重要问题之一。教育收益率的计算方法通常有两种：

第一种是基于成本收益分析的内部收益率方法（Becker，1964）。它把教育投资成本的现值与未来收益现值相等时的折现率作为教育投资收益率，如果教育投资内部收益率不小于其他投资的利息率，则该项教育投资是值得的[38]。内部收益率法的估算存在诸多难点：一是受教育的机会成本难以准确统计；二是必须统计出学历不同的人群在每一年的收入水平，然后把它们的差异折现后再求和，而现实中难以找到这样的统计资料；三是该方法假设劳动力的收入水平只由教育决定，而没有考虑在职培训对人力资本的促进作用。

第二种教育收益率估算方法就是明瑟的收入方程法。该方法认为，学校教育和在职培训是个人在不同阶段对自身人力资本不断进行的投资，人一生的收入将受其整体人力资本投资和其他因素的影响。自从雅各布·明瑟根据人力资本理论推导出明瑟人力资本收入方程（Mincer，1974）[43]之后，该方程因为简便易用，已被大量应用于各个国家和地区的教育收益率估算和实证研究。明瑟收入方程具有很好的扩展性，它既可以将劳动者的个体与背景特征（如性别、职业类型、家庭环境、父母状况等）作为控制变量纳入方程，还可以将人力资本投资情况从学历教育年限扩展到职业培训情况（包括职业培训的类型、持续时长等），并将上述变量作为自变量加入方程进行研究，估算职业培训情况对个体收入的影响程度（或职业培训收益率）。

国内外已有大量研究成果表明教育对收入具有显著的正向影响（Harmon 等，2003；Psacharopoulos 和 Patrinos，2004；Brauw 和 Rozelle，2006；Gao 和 Smyth，2015）[44~47]。国内学者也都得出了大致相同的结论，即便不同研究得到的具体教育收益率数值大小存在差异，但收益率的变动趋势基本吻合。比如，对中国城镇居民教育收益率的估算研究表明，20 世纪 90 年代至 21 世纪初，我国城镇个人教育收益率呈上升趋势（李实和丁赛，2003）[48]。但是进入 21 世纪以来，我国城镇教育收益率并没有延续以往快速上升的趋势，而是逐渐趋于平稳，甚至出现某种下降迹象（丁小浩等，2012）[49]。如果使用中国城乡混合样本估计全国教育收益率，则会发现从 20 世纪 80 年代开始，全国教育收益率快速上升，但是进入 21 世纪后该收益率出现稳中带降的趋势，且 2006 年之后城镇地区教育收益率下降趋势较农村地区更为突出（邓峰和丁小浩，2013）[50]。与此同时，对中国农村居民教育收益率的研究也表明，20 世纪 90 年代以来，我国农村地区的教育收益率基本呈持续上升趋势（国务院发展研究中心农村经济研究部，2007）[51]。除了以城镇居民样本、农村居民样本以及城镇与农村居民混合样本进行的教育收益率研究之外，学界还对我国城镇化进程中出现的农民工群体的教育收益率进行了估算。多数研究认为教育对农民工收入具有积极的正向作用，不过，在教育回报率估计值上尚存在较大差异，有的估计值低于 4%，也有的估计值在 4%~10%，还有的估计值大于或远大于 10%（崔玉平和吴颖，2017）[52]。

3. 明瑟方程的基本形式

明瑟认为，在一个完全竞争的劳动力市场上，人力资本是决定个人收入（Y）的关键因素；而人力资本的形成既来自于正规教育（Edu），也来自于劳动者在进入劳动力市场之后的工作经验（Exp）。明瑟方程的基本形式只考虑了教育、工作经验两个变量对劳动者收入的影响，其基本形式为：

$$\ln Y=\beta_0+\beta_1 Edu+\beta_2 Exp+\beta_3 Exp^2+\mu \qquad (4-1)$$

明瑟方程中工作经验二次方项（Exp^2）的出现是基于以下假设：在劳动者的生命周期当中，收入在总体上是不断上升的，但是随着年龄增大，劳动者的体能和接受新知识的能力都会下降，于是其劳动生产率开始下降。这意味着随着年龄（工作经验）的增长，劳动者收入曲线呈现一种倒“U”形的轨迹。由于实践中的在职培训往往与“干中学”混同，且在职培训难以精确衡量，所以基本的明瑟方程没有单独加入在职培训变量，而是赋予了“工作经验”这个变量更宽泛的含义：工龄越长，技术越熟练，其可能受到培训的次数也越多。β_1 被称为明瑟收益率，它表示每多接受一年学校教育可带来的工资收入增加的比率。在明瑟方程中，通常用“劳动者年龄减去入学年龄，再减去受教育年限”来计算“工作经验”，这一方法在后来关于收入的研究中也被广泛地采用。

基本形式的明瑟方程将学校教育年限和工资收入之间的关系设定为线性关系，即假设个体所受的每一年学校教育是均质的，对工资收入都有相同比例的影响效应。但实际上，不同级别的学历教育（包括小学教育、初等教育、中等教育、高等教育等）的内涵并非是均质的，因而教育年限增加对个体工资收入的影响应该表现为非线性。Card 和 Krueger（1992）的研究就发现，低级别教育年限的收益率明显要低于其他级别的教育收益率，如教育水平低于五年的群体，其收益率接近于 0，这极有可能是义务教育普及的结果[53]。此外，教育收益率还可能受到劳动力市场的供求关系、经济周期、社会经济制度，甚至羊皮纸效应（Sheepskin Effect）① 的影响，这些都会导致教育年限的非线性回报。

4. 明瑟方程的扩展

为了更精准地估算教育收益率，学者们对标准明瑟方程进行了改进和扩展，以便能把更多可能的影响因素考虑进去。前已述及，明瑟方程具有

① 又称为文凭效应（Credential Effects），常表现为获得学历证书那一年的收益明显要高于其他年份。

很好的扩展性，可以综合考虑诸多影响因素。具体该加入哪些变量，则须根据实际情况来选取。当然，研究者的研究假设和研究目的对变量的选取也至关重要。一般而言，在劳动力市场中，同工不同酬仍然是一个比较普遍的现象；而且，在同等岗位竞争条件下，男性通常获得具有较高工资水平工作岗位的机会更大。因此，把包括性别在内的劳动者个体特征因素作为控制变量纳入明瑟方程是十分自然的事情。此外，客观环境特征，如行业类型、所有制性质和工作地域，都可能影响劳动者的工资水平，因此这些因素都应在明瑟收入方程中加以控制。

基于此，扩展明瑟方程的第一步是增加控制变量，包括微观个体的性别、职业类型、工作地域、所属行业、企业性质，还包括客观经济环境和劳动力市场结构等。由于控制变量的加入，利用最小二乘法（Ordinary Least Square，OLS）估算的教育收益率必定有所修正，也应该更贴合实际情况。但是有研究表明，扩充解释变量之后，劳动者的教育水平依然能解释大部分的收入差异（Blau 和 Duncan，1967）[54]。有时候，研究者还希望了解职业类型、工作地域、企业性质等控制变量对教育收益率的影响大小，于是将上述控制变量与教育年限的交互项代入明瑟方程，然后观察交互项系数的大小和方向。

例如，李实和丁赛（2003）分析了教育收益率与劳动力市场分割的关系，得出了个人就业单位的所有制性质对教育收益率的影响变得越来越明显的结论[48]。赖德胜（2000）用合同制职工占全部职工的比重和国有工业总产值占全部工业总产值的比重来表征劳动力市场分割程度，利用 11 个省份的数据对 1995 年各省份的教育收益率做 OLS 回归分析，结果显示各省合同制比重越高，教育收益率越高；国有工业总产值的比重越高，教育收益率越低[55]。

尽管基于明瑟收入方程的教育收益率估算模型不断得到改进，新的统计方法也不断出现，但是包括信号模型（Spence，1973）[56]、筛选假设（Stiglitz，1975）[57]以及劳动力市场分割理论（Doeringer 和 Piore，1985）[58]等在内的劳动力市场理论对人力资本理论进行了批评和反驳。这些理论并不认可人力资本理论对教育与个人收入及经济增长之间关系的解释，也不认可教育能引发更高的劳动生产率，而是认为教育可能仅仅是社会经济角色及地位的分配机制，这种机制的作用是将更好的工作、更高的收入或更高的社会地位分配给具有更高教育水平的人（钟宇平、侯玉娜和陆根书，2014）[59]。但是不管怎样，利用明瑟方程及其扩展形式来估算教育收益率依然被大多数学者所接受，对人力资本理论的批评反而进一步促进了学者们不断改进教育收益率的估算方法，使相关研究方法与成果日益成熟。

（二）教育收益率估算方法纠偏

基于明瑟收入方程并采用最小二乘法估算教育收益率，虽然简便易行，且得到了广泛应用，却可能出现遗漏变量、测量误差、样本选择偏差和人群异质性问题，导致教育收益率的估计值是有偏的甚至是非一致的。这也是为什么不同学者即便使用相同的样本数据，也会得出不同教育收益率数值的主要原因。为了解决上述问题，计量经济学者们提出了许多改进的统计方法，用来纠正教育收益率可能的估算偏差。

在现有文献中，关于教育收益率的估算方法，除了普遍采用的最小二乘法之外，还可以看到学者们根据研究需要所采用的其他统计方法，包括广义最小二乘法（GLS）、代理变量法（Proxy Variable）、工具变量法（Instrumental Variable，IV）、局部工具变量法（LIV）、赫克曼两阶段模型（Heckman Two-Step Estimation）、部分线性模型（Partially Linear Model）、多层线性模型（Hierarchical Linear Model，HLM）、倾向得分匹配模型（Propensity Score Model，PSM）、固定效应法（The Fixed Effects Estimator）、分位数回归（Quantile Regression，QR）等，不一而足。下面分别从遗漏变量、测量误差、样本选择偏差和人群异质性四个方面阐述如何对教育收益率的估算进行纠偏，不同的方法在使用过程中可以起到不同的纠偏作用。

1. 遗漏变量问题

使用多元回归计量经济模型来分析多个自变量对一个因变量的影响，会经常面临自变量的选取以及可能造成的变量遗漏问题。利用明瑟方程估算教育收益率也会受到遗漏变量的影响。现实生活中，很多因素都会影响个人的收入。标准明瑟方程仅考虑教育和工作经验两个自变量，显然不太合适，因此需要对标准明瑟方程进行扩展，添加其他解释变量，使研究者尽可能得到教育对收入的净影响。那么，到底哪些变量应该被纳入方程，哪些又是无关紧要的呢？这里有一个最基本的原则，就是如果被遗漏的解释变量与个人的教育水平相关，那么就要酌情考虑将该解释变量纳入方程。

基于此，我们可以把一些可能与个体教育水平相关的变量都考虑进来，如性别变量、户口性质。在中国，农村重男轻女思想是否造成农村劳动力在教育年限方面存在显著的性别差异呢？城镇户口居民的受教育年限是不是普遍高于农村户口居民呢？这只需要对样本数据进行简单的描述性统计和单因素方差分析即可得出结论，然后根据情况纳入明瑟方程即可。但是，如果一个可能被遗漏的变量是无法直接观测的，而且很有可能与教育水平相关，那又该如何处理呢？个体的能力（Ability）差异就属于这种容易被遗漏的变量——能力偏差问题。

能力越强的个体，其平均受教育水平往往越高，且个体在工作中获取更高收入的可能性也越高。这是因为在心理学领域，能力是指个体能够成功完成工作中各项任务的可能性，它包括心理能力（Intellectual Abilities）和体质能力（Physical Abilities），而心理能力往往与智商紧密相关。所以，如果遗漏能力变量，就可能造成教育收益率的高估。能力偏差问题又被称为不可观测效应，这是因为个体能力的大小往往不容易用一个合适的变量来衡量，它导致研究者不得不放弃而不是忽略将能力偏差纳入方程。

在实际处理能力偏差问题时，大致有以下三种方法：第一种方法是找到能够测量个体能力差异的代理变量，如智商、能力分值（Aptitude Scores）、考试成绩甚至家庭背景（如父母或兄弟姐妹的受教育水平）等变量，将代理变量作为控制变量加入明瑟方程[60]。引入代理变量处理能力偏差问题的弊端在于代理变量往往不能全面衡量个体的能力，这就意味着引入代理变量的修正作用可能适得其反，甚至超过遗漏能力偏差造成的影响。

第二种方法是使用双胞胎样本（Twins Sample）的固定效应模型。其基本思路是首先收集双胞胎的数据资料，将双胞胎配对编号（一共 i 对双胞胎，$i=1$、2、3、…），然后将双胞胎按对拆分为两组，即每组只包括双胞胎中的一个，建立两个明瑟收入方程：

$$\ln Y_{1i}=\beta_0+\beta_1 Edu_{1i}+\beta_2 Exp_{1i}+\beta_3 Exp_{1i}^2+\alpha A_{1i}+\mu_{1i} \quad (4-2)$$

$$\ln Y_{2i}=\beta_0+\beta_1 Edu_{2i}+\beta_2 Exp_{2i}+\beta_3 Exp_{2i}^2+\alpha A_{2i}+\mu_{2i} \quad (4-3)$$

其中，A_{1i}是第 1 组中第 i 个双胞胎的能力，A_{2i}是第 2 组中第 i 个双胞胎的能力，其他变量的含义与基本明瑟方程设定相同。假设双胞胎的遗传基因完全相同，就可以认为 $A_{1i}=A_{2i}$。那么，通过对上述两个收入方程进行差分，就可以得到：

$$\ln Y_{1i}-\ln Y_{2i}=\beta_1(Edu_{1i}-Edu_{2i})+\beta_2(Exp_{1i}-Exp_{2i})+\beta_3(Exp_{1i}^2-Exp_{2i}^2)+(\mu_{1i}-\mu_{2i}) \quad (4-4)$$

这样就消除了个体能力的影响。利用双胞胎数据估算教育收益率还有一个优势，那就是可以将家庭背景因素的影响消除，因此这种方法比较受学者欢迎。但是这种方法的缺陷在于双胞胎数据的收集困难，导致可供分析的样本数量偏少。

第三种方法是工具变量法。其基本思路是寻找一个与个体教育水平密切相关，同时又与个体的能力不相关的外生变量，将其经过转换后代替受教育年限代入明瑟方程。这种方法的好处是即使遗漏了个体的能力偏差变量，也不会对教育收益率的估算产生影响。工具变量法的一般步骤分两步：第一步，计算 $Edu=\alpha_0+\alpha_1 IV+\alpha_2 X_i+v_i$，其中 IV 即为工具变量，X_i 是除了工具变量之外的其他一些可能影响个体受教育年限的变量；第二步，将第一步中的 Edu 代入 $\ln Y=\beta_0+\beta_1 Edu+\beta_2 Exp+\beta_3 Exp^2+\mu_i$ 进行估算。常用的工具变量有教育政策（如义务教育政策）、教育的可获得性等。

卡德（Card，1999）通过文献综述发现，上述三种方法纠正能力偏差对教育收益率的估算影响各不相同[61]。引入能力偏差的代理变量后，教育收益率的估计值下降了 5%~10%，利用双胞胎数据估计出的教育收益率也下降了 10%~15%，但是工具变量法的估计却比普通 OLS 方法估算的结果还高出 20%~30%。工具变量法的本来目的是用于纠正遗漏能力变量的问题，其估计值应该低于普通 OLS 估计值。卡德对上述结果的解释是：低教育水平人群的受教育行为受到教育政策因素的影响较大，这部分人群之所以接受较少教育不是因为能力较低，而是因为接受教育的成本太高，在这种情况下，通过工具变量法得到的教育收益率就很有可能高于 OLS 估计值[62][63]。

2. 测量误差问题

明瑟方程的测量误差问题主要有三个：一是不能准确测量个体的真实收入，二是不能合理测量个体的受教育年限，三是不能准确界定工作经验年限。

关于个体真实收入测量误差问题，有以下三点需要讨论：第一，收入衡量是采用小时工资，还是日工资？甚至是月收入和年收入？如果考虑测量的精度问题，应该采用小时工资作为因变量。但是小时工资的数据相对而言不易收集，何况某些体力劳动工作，如农业和建筑业的工人还会面临收入的季节性波动问题。所以大多数研究都采用精度稍有欠缺的月收入甚至年收入作为因变量。第二，劳动者的收入除了货币性工资之外，往往还有很多收入是以实物形式或非货币的福利形式获得的，这部分收入在实证研究的调查中一般难以准确获取，这给收益率的估算带来很大的偏差。第三，被调查者在填写问卷或回答调研人员的问题时，很可能谎报个人收入，特别是一些兼职收入、隐性收入、临时性收入的数据。

关于个体受教育年限的测量误差问题，研究者一般根据被调查者汇报的学历推算其受教育年限，如小学学历的受教育年限是 6 年、初中学历为 9 年、高中学历为 12 年、大学本科学历为 16 年等。但是这种推算方法没有考虑学制差异（大学本科 3~6 年都有可能），没有把留级、跳级、辍学等情况考虑在内，也不能将全日制学历教育与函授、夜大、自学考试等在职教育区分开来。何况，通过问卷或访谈的方式收集学历数据，还无法规避被调查者谎报学历的情形。

关于工作经验年限的界定，国内外学者的衡量标准并不一致。第一种标准是采用劳动者的年龄减受教育时间和学龄前时间（通常为 6 年）作为其工作经验年限；第二种标准是将劳动者从事当前岗位工作的时间作为其工作经验。第一种标准是国内外学者采用最多的衡量方法，但是它没有将劳动者失业赋闲的时间剔除掉，将失业时间也划为了工作经验积累时间，这显然是不合理的，而且学龄前时间也不一定都是6年，推迟1~3年上小学的情况大有人在。但如果采用第二种标准，则忽略了以往岗位工作经验的积累和影响，它造成的估算偏差可能更大。

3. 样本选择偏差问题

样本选择偏差有两层含义：第一层含义是指用于实证研究的抽样样本不具备代表性，不能代表全社会的情况；第二层含义是指抽样调查得到的样本中，可以观察到当前正在工作的劳动者的收入信息，但观测不到当前未参加工作的劳动者的收入信息。如果简单地使用有收入信息的样本数据，而把没有收入信息的样本排除在外，就会使教育收益率的最小二乘估计是有偏且非一致的，这种情况属于内生样本选择偏差（Endogenous Sampling Selection Bias）。

最常用的纠正内生样本选择偏差的方法是诺贝尔经济学奖获得者赫克曼提出的 Heckman 两阶段模型：第一步，估计个人选择方程（如选择就业的概率方程、选择参加培训的概率方程），求得选择偏差修正项——反米尔斯比（Inverse Mills Ratio）；第二步，将选择偏差修正项代入明瑟方程中，用 OLS 法估计教育收益率的参数，修正可能存在的选择偏差。作为赫克曼两步法的基础，样本选择偏差的调整效果严重依赖选择方程设定的准确性。如果选择方程中遗漏了影响个体选择的重要控制变量，会给教育收益率引入新的、不可控的偏误。

第二种解决内生样本选择偏差问题的方法是倾向得分匹配模型（PSM），该模型基于构建准自然实验的思路提出。对于个体而言，只能观察到其受到处理（Treatment）后或者没有受到处理时的结果，两者不能同时被观察到。在研究教育收益率时，对于一个接受了高等教育的人，我们又只能观测到他接受高等教育之后的收入，而无法得知假如他不接受高等教育的收入。同样地，农民工参加培训也存在这样的内生性问题。现实中，随着政府培训计划和政策的实施与推广，农民工获得培训的机会和渠道大幅度增加，但是有些农民工参与了培训计划，有些则没有参与。于是可以把农民工分成接受过培训和没有接受过培训两组，农民工对是否参加培训存在着个人选择问题。

以估算农民工培训收益为例，使用PSM模型来分析，首先需要将接受培训和未接受培训的农民工分成两组，其次根据两组农民工的特征进行打分，将得分相近的农民工进行配对。倾向分的含义是在控制变量给定情况下，农民工选择是否培训的条件概率。在对培训选择行为个体的倾向分进行匹配时，常用方法有邻近匹配法（Nearest Neighbors Matching）、半径匹配法（Radius Matching）和核匹配法（Kernel Matching）。其中，邻近匹配法可以设置与邻近的一个或多个个体进行匹配，核匹配法可以设置不同的带宽（Bandwidth）。具体在函数表达式上，可以令农民工选择培训的概率为：

$$P(X) \equiv \Pr(T=1/X)=E(T/X) \tag{4-5}$$

其中，T 代表培训与否，取值为0和1，X 为一系列表征农民工特点的控制变量，那么 $P(X)$ 的值同时可以用来表征农民工选择培训的倾向得分。接下来，农民工培训的收入效应可以表示为：

$$\tau \equiv E\{E[Y_{1i}-Y_{0i}/T_i=1,P(X_i)]\} \tag{4-6}$$

其中，τ 为农民工培训的收入效应，Y_{1i} 和 Y_{0i} 分别表示第 i 组配对后接受培训和未接受培训农民工的工资收入。

4. 群体异质性问题

明瑟方程假定教育收益率是一个固定不变的数值，那么它就只是平均意义上的教育收益率。但是教育对于不同人群的收入影响是不同的，不同人群的教育收益率必定存在差异，这就是教育收益率的群体异质性问题。

处理异质性问题最简单的办法是根据可观测变量把样本分为若干子样本，然后使用传统明瑟方程估计教育收益率，如根据性别、年龄、省份、单位所有制性质等把样本分为若干子样本分别估算教育收益率。也可以在总样本的回归中加入受教育年限与上述分组变量的交互项作为解释变量，分析不同组别的教育收益率差异。随着现代分析技术的发展，半参数法和非参数法也成为处理异质性问题的常用方法。葛玉好（2007）运用部分线性模型来估计教育收益率在不同性别、年龄、工作部门人群间的差异[64]。

非参数估计虽然能够很好地描述变量间的函数形式，但无法得到具体的参数估计却是其最大的缺陷。

如果异质性是由于个体所处的企业、行业或者地区不同而造成的，那么采用多层模型就能很好地应对异质性问题。多层模型分析的思路是把样本数据视为分层数据，层与层之间存在嵌套关系。一个经常用来描述多层样本数据的例子是学生的学习成绩：学生个体特征影响其学习成绩，所以学生个体特征为第一层数据；学生的成绩又受到他所在班级学习氛围的影响，那么班级特征为第二层数据；班级学习氛围又受到所在学校整体特征的影响，所以学校特征为第三层数据。根据这个分层原理，在教育收益率估算中，可以把劳动者个体定为第一层数据，劳动者所在的工作单位信息为第二层数据，构成一个两层模型。通常，可以假定在同一个单位之内，劳动者的教育收益率是相同的，而在不同单位的教育收益率是不同的。该两层模型可以用公式表述如下：

$$\text{第一层：} \ln Y_{ij}=\beta_{0j}+\beta_{1j}Edu_{ij}+\beta_{2j}Exp_{ij}+\beta_{3j}Exp_{ij}^2+\mu_{ij} \tag{4-7}$$

$$\text{第二层：} \begin{cases} \beta_{0j}=\gamma_{00}+e_{0j} \\ \beta_{1j}=\gamma_{10}+e_{1j} \\ \beta_{2j}=\gamma_{20}+e_{2j} \\ \beta_{3j}=\gamma_{30}+e_{3j} \end{cases} \tag{4-8}$$

其中，$\ln Y_{ij}$是j单位中劳动者i的工资收入的自然对数，Edu_{ij}和Exp_{ij}是j单位中劳动者i的受教育年限和工作经验，μ_{ij}为随机误差项。β_{0j}表示明瑟收入方程的截距项在不同单位的取值不同，其均值为γ_{00}，随机误差为e_{0j}；β_{1j}表示教育收益率在不同单位是不同的，其均值为γ_{10}，随机误差为e_{1j}；β_{2j}和β_{3j}的含义以此类推。对于多层数据的分析处理可以利用 HLM、Mplus、R 等软件进行。

式（4-8）中，还可以加入一些表明企业特征的解释变量，如加入企业所有制性质、规模大小、所属行业等。那么，式（4-8）中的每一行都应该改写，如教育收益率改写为：

$$\beta_{1j}=\gamma_{10}+\gamma_{1k}X_{jk}+e_{1j} \tag{4-9}$$

其中，X_{jk}表示j企业的第k个特征变量（k=1、2、3、…），可以根据需要选择合适的变量代入式（4-9）中。如γ_{1k}显著不为0，就说明j企业的第k个特征对企业内员工的教育收益率有显著影响。

分位回归法（QR）也可以用来处理异质性问题。分位回归分析是由Koenker和Bassett（1978）[65]提出的，后来获得了广泛的应用。利用分位回归，可以得到收入分布不同分位点上教育收益率的估计结果，即分位回归估计的是教育对于处于收入条件分布不同分位点的人群的影响。例如，十分位的教育收益率表示增加一年教育对处于收入条件分布十分位人群的收入的影响。根据Buchinsky（1994）的思路，估计教育收益率的分位回归模型可以写为[66]：

$$\ln Y_i = \beta_\theta Edu_i + \gamma_\theta X_i + u_{\theta i} \tag{4-10}$$

给定劳动者的受教育年限Edu和个体特征变量X，那么$\ln Y$的第θ个条件分位点（Conditional Quantile）就是$Quant_\theta(\ln Y_i/Edu_i,\ X_i) = \beta_\theta Edu_i + \gamma_\theta X_i$。其中，$\beta_\theta$和$\gamma_\theta$是分位回归估计系数。相对于OLS估计量而言，Deaton（1997）指出，分位回归模型具有四个方面的优点：一是在一定程度上克服了异方差问题；二是能给出条件分布的大体特征，不同分位点下所给出的回归系数也可能有值得进一步探讨的意义；三是在扰动项分布非正态情形下，QR估计量有可能比OLS估计量更为有效；四是QR估计量更加不容易受到异常值的影响[67][68]。

综上，各种估算教育收益率方法的准确程度及有效性是学者们一直争论的问题。针对遗漏变量（特别是遗漏能力偏差变量）、测量误差、样本选择偏差和群体异质性，计量经济学者给出了许多改进方法。但是这些方法在实际使用过程中，还需要实证研究者（主要是劳动经济学者和教育经济学者）根据个人理解、研究目的以及所能获取样本的数据情况，对变量进行合理选取（如替代变量、控制变量、工具变量的选取）或者对数据进行转换处理，这就造成了教育收益率的估算可能受到研究者偏好与观点的影响。再加之，不同纠偏方法本身也或多或少存在一定的缺陷，造成改进后的教育收益率估计值与普通OLS方法的估计值相比，既有高估的，也有低估的——如能力偏误产生的正向偏误与测量误差引起的负向偏误，在一些情况下会出现误差相互抵消的现象。因此，尽管能否获得无偏的、一致性的教育收益率估计主要取决于计量方法的改进，但是传统的 OLS 估算法仍是比较可靠且易于操作的教育收益率估算方法[69]。

二、农民工培训收益率估算

与教育收益率的估算相似，学者们大多也使用明瑟收入方程来研究培训收益率，但是一般不会用培训变量来替代受教育年限，而是在基本明瑟收入方程中加入新的变量来描述个体受到的培训情况。

关于我国农民工培训收益率的研究，主要文献都集中在国内。与教育收益率的估算类似，有关我国农民工培训收益率的实证分析，不同的学者因为采用样本的不同，或者使用的统计分析方法的差异，导致估算出来的培训收益率各不相同。例如，以接受培训的城市农民工群体为研究对象，有研究结果显示，职业培训能够有效促进农民工收入增加（张世伟和王广慧，2010[70]；李实和杨修娜，2015[71]）；也有研究结果显示，职业培训对农民工收入提高的作用并不显著（王海港等，2009[3]；周世军等，2016[72]）。国内学者关于农民工培训收益率的研究结论可以归纳为以下几个方面：

（一）一般技能培训收益率

农民工一般技能培训是指没有特定就业意向的培训。农民工在离开农村、走向城市的过程中，大多数起初并不清楚自己能够在城镇从事何种职业，也就没有十分明确的职业技术培训需求。在这种背景下，农民工参加各种职业培训所获得的知识和技能只能提高其一般技能，这种培训不以特定就业企业、特定就业岗位为目的。通常情况下，一般技能培训的作用与职业学校的教育相似，即便所习得的知识与技能不能直接用于今后的工作场所，这种培训与学习也依然能对劳动者的收入产生积极影响。

对一般技能培训收益率的估算，通常用来和教育收益率进行比较，并得出培训收益率高于教育收益率的结论。例如，罗锋和黄丽（2011）利用对珠江三角洲961个新生代农民工的调查数据，采用扩展的明瑟工资方程，发现培训是影响新生代农民工非农收入的最主要因素，接受一个月以上的培训会使新生代农民工非农收入增长11.2%；而受教育年限对新生代农民工非农收入水平的影响相对较小，每增加一年的正规教育，仅使其非农收入增长2.1%。研究者据此认为，培训收益率远大于正规教育收益率，是导致广大农村对基础教育不够重视的根本原因[73]。赵显洲（2012）使用最小二乘估计法，发现在控制了其他变量以后，农民工每增加一年教育年限的收益率是6.1%，而参加培训者比不参加培训者的工资要高出15.7%[74]。

还有部分研究者得出，农民工一般技能培训收益率接近甚至超过了20%。如丁煜等（2011）估算农民工培训收益率达到了19.24%[75]。侯风云（2004）依据“中国人力资本投资与城乡就业相关性研究”课题组在2002年7月至2003年1月对全国15个省份进行的问卷调查数据，得出2002年农村教育收益率仅为3.66%，而培训的收益率可达27.89%，并由此推断，对于农村劳动力而言，增加收入的一个重要途径是有组织地进行技能培训[76]。

少数学者认为，目前的一般技能培训并没有显著提升农民工的收入。如唐运舒和徐祎琪（2011）通过对安徽省合肥市农民工市场的调查研究发现：培训变量对农民工非农收入的影响与传统人力资本理论结论不一致，是因为当前农民工培训质量不高，培训没有使农民工掌握一门真正技能[77]。除了培训质量不高的原因外，培训缺乏针对性，人力资本不具备专用性也是农民工培训的收入效应不明显的可能原因。专用性人力资本的积累要求劳动者在特定岗位上从事较长时间的工作，因此农民工的工资收入通常与其当前工作的从业时间长短呈显著正相关，频繁变换工作岗位反而不利于农民工的专业人力资本积累和收入增长。作为农民工人力资本投资的直接方式和现实途径，职业培训对于农民工收入提高的作用并不显著，这也反过来导致农民工培训参与率偏低（周世军等，2016）[72]。

（二）专用技能培训收益率

与一般技能培训不同，专用技能培训是指某项培训活动的开展是以特定的就业岗位和就业单位为目的的，培训结束后，受过专用技能培训的劳动者能很快把所学到的知识和技能用于特定的岗位。专用技能培训的开展往往离不开企业的配合与支持，如果某项培训活动本身是由企业方来组织和安排的，那么这种培训的针对性和技能专用性就很强。

意识到农民工培训需要提高技能针对性和专用性之后，有学者专门探讨了农民工专用性人力资本投入对其收入的影响。江金启等（2016）在划分通用性和专用性技能培训后①，基于中国居民收入调查项目（China Household Income Projects，CHIPS）数据，运用处理效应模型对培训在农民工工资决定上的作用及其代际变化做了经验上的计量分析。研究发现，培训总体上对农民工的工资有显著提升效应，相较于未培训的农民工，培训农民工的小时工资平均提高了 60.94%。进一步地，不同类型培训会因所形成的技能分化而对农民工的工资产生显著的差异性影响，具体而言，通用性培训无法有效促进农民工的工资增加，专用性技能培训则具有很强的工资促进作用。农民工内部虽已代际分化，但培训的工资决定效应没有因此而出现明显的代际差异。基于以上发现，研究认为，给农民工提供更多的专用性培训应成为当前促进农民工工资增长的最主要策略[78]。

认为专用技能培训比一般技能培训对农民工的收入增加更有效的，还有李实和杨修娜（2015）的研究[71]。研究者通过对 2007 年 CHIPS 数据和 2010 年计生委数据的分析发现，从总体上看，培训能使农民工月均工资提高 6%左右，且女性的培训收益率高于男性。企业内部提供的培训比社会提供的培训对农民工月均工资影响更大；与工作相关的技能培训比与工作无关的技能培训、一般性培训对农民工月均工资影响更大。上述结论蕴含的主要政策含义是，各级政府部门要建立高效的农民工培训体系，激励企业担当农民工培训的主要角色，以更大限度地提升农民工的劳动生产率和工资收入。

值得注意的是，也有研究认为，一般技能培训相比专用技能培训对提高农民工收入更有效。张世伟和武娜（2015）就依据 2008 年中国城乡劳

① 研究者将由企业组织的内部培训定义为专用性培训，将政府或其他机构组织的外部培训定义为通用性培训。

动力流动调查数据（Rural Urban Migration in China，RUMIC），应用广义倾向分方法分析了一般培训和专门培训的培训时间对农民工收入的影响[79]。研究结果表明，一般培训和专门培训均有助于农民工收入水平的提升，但是农民工接受适度的一般培训和专门培训①将导致其收入水平分别提升54%和21%，都远超过教育回报率，且适度一般技能培训的收入增加效果更明显。出现上述研究结论不一致的原因，除了样本差异之外，对一般技能培训和专业技能培训定义与测量的不同也是重要影响因素。但是，多数研究认为，相比一般技能培训而言，专用技能培训对提高农民工工资的效应更明显，本书倾向于赞同该观点，并特别主张企业多为农民工提供岗位专用技能培训。

（三）培训具体形式的影响

培训的具体形式涉及许多方面，如培训的内容是一般技能还是专用技能，培训的类型是脱产学习还是在岗训练、是政府培训还是企业培训，培训时间是长还是短等。

有学者考察了培训因时长、方式等不同而对农民工收入产生的差异性影响。张世伟和武娜（2015）发现，随着培训时间的延长，培训时间对农民工收入的边际影响递减[79]。农民工接受一般培训在30天以内或专门培训在120天以内，其收入水平将随着培训时间的延长而显著得到提升；但一般培训时间超过30天或专门培训超过120天后，其收入水平并未随着培训时间的延长而得到进一步的提升。因此，政府和企业在努力扩大农民工培训覆盖面的同时，要适度调整农民工的培训时间，这将有助于农民工整体工资水平的显著提升。张世伟和武娜（2013）还研究了培训类型的影响：农民工接受职前培训和在职培训将导致其收入分别提高18.38%和9.45%，既接受职前培训又接受在职培训将导致其收入提高20.24%[80]。

关于培训类型和培训时长影响的研究，也有不同的研究结论。党曦（2015）使用2010年7月针对珠江三角洲地区和长江三角洲地区19个城市

① 研究者特别强调了培训时间的适度，并证明了无论是一般培训还是专门培训，其培训时长都应适度。

农民工的问卷调查数据，采用明瑟工资方程并利用 OLS 方法对农民工参与技能培训的收入效应进行了估算，发现岗前培训与在岗培训、持续时间较长的培训、由企业和社会机构提供的培训，以及培训后能获得相关证书的培训对农民工的收入具有更为明显的提升效果[81]。

不同类型职业培训对农民工收入的影响一般存在较大的异质性。宋月萍和张涵爱（2015）采用倾向得分匹配模型，控制农民工职业培训对工资率影响的内生偏差后发现，技能型（技术型）培训的作用最明显，参与多次培训或职业培训的时间较长，才能对农民工工资增长带来实质性影响[82]。还有学者考察了在职培训的影响，研究者利用 2014 年海口市新生代农民工的调查数据，采用马氏距离匹配以及偏差校正方法，估计在职培训对新生代农民工的工资效应，发现参加在职培训比未参加在职培训的新生代农民月工资高 496.91 元，相当于工资收入提高 21.5%，但是在职培训与教育水平的交互项却对新生代农民工工资收入呈现负向效应，这意味着教育水平越高，接受在职培训所带来的收入增加效应越弱（张俊，2015）[83]。

（四）“干中学”与农民工收入

“干中学”可以看作是一种特殊形式的职业培训，它既不同于在职培训，也不能完全等价于工作经验。在职培训通常会为受培训的员工安排有经验的员工作为其导师，而导师会在适当的时候进行工作示范，或者指出受训员工在工作中的某些不足，并帮助其改正。工作经验则完全是工作时间与经历的积累，这种积累可能并不局限于某一工作岗位或某一项工作技能；换言之，工作经验积累与工作技能水平之间不是简单的正相关关系，工作经验丰富不代表工作效率高。“干中学”和工作经验一样，没有工作导师的指导，但是“干中学”强调的是员工在某一特定岗位或特定职业技能方面的经验积累和工作效率提升。

“干中学”理论认为，劳动者生产某个产品所需要的劳动时间随着他的生产量增加而减少，这一现象被称为“学习速度”。Arrow（1962）将该理论从劳动者个人技术进步层面提升至国家的整体技术进步层面，用以说明技术进步的内生行为，国家会随着投资积累和国民生产总值的增加而累积生产经验、提高劳动生产率，进而促进经济发展[84]。即经济发展仅靠生产要素的投入来解释是不够的，相当部分的经济发展来自于在这些人力、资本和技术投入过程中所积累的生产经验、知识和技能。卢卡斯（Lucas）认为，人力资本的形成主要来源于教育和“干中学”：教育是社会向新成员传授知识、技能和规范的重要制度化渠道，劳动者借此获得了人力资本；而“干中学”作为劳动者在工作中不断积累知识与经验、形成技能的非制度化渠道，亦是人力资本形成的重要途径[85]。

在我国城镇化进程中，大量没有受过职业技能培训的农民工涌进城市，从事与他们在农村完全不同的工作，因此“干中学”是形成农民工人力资本的重要手段。以往的研究虽然肯定了教育等人力资本因素有助于提高农民工的收入，也考虑了工作经验的影响，但缺乏对农民工在外出打工中通过“干中学”形成的人力资本积累和变化的研究，因而关于“干中学”与农民工收入关系的研究并不多见。事实上，在 Becker 等早期的人力资本理论中，也主要关注的是教育、在职培训等与人力资本的关系，忽视了对“干中学”对人力资本形成影响的研究。

相比城镇职工，我国农民工受教育程度普遍较低，在培训不足的情况下，“干中学”显然是增加农民工人力资本的重要手段，而且“干中学”主要增加的是专用性（或者异质性）人力资本。威廉姆森（Williamson，1996）认为，专用性人力资本就是劳动者在企业工作的过程中，通过学习和经验积累形成的一些特殊知识和技能，这种特殊知识和技能只有用于该企业中才能发挥其最大效用，且这种效用远高于把它投入在其他企业中的表现，因此专用性人力资本有被企业“套牢”的可能[86]。另外，拥有专用性人力资本的劳动者在与企业进行谈判时，可以获得额外的组织租金，且专用性人力资本在边际报酬上服从递增规律，可以有效增加其拥有者的收入。

但是令人奇怪的是，尽管“干中学”对增加农民工专用性人力资本十分重要，但是关于“干中学”对农民工收入影响的实证研究表明，“干中学”的收入增加效应似乎并不明显。都阳（1999）计算出非农“干中学”

收益率为1.3%[87]。侯风云（2004）估算出的外出劳动力“干中学”收益率为0.69%[76]。谌新民和林隽宇（2009）研究发现，劳动密集型企业转移就业人员的人力资本收益率存在一些特殊性，不仅学历教育收益率不高，而且“干中学”收益率也较低[88]。

上述实证分析结论与理论推论不相符，可能是实证研究中对专用性人力资本进行量化时遇到的困难引起的。量化专用性人力资本的第一种方法是用工作经验或者工作年限来代替“干中学”，尽管相关研究表明工作经验和工作年限对进城农民收入有显著的正向影响，但根据前文对工作经验与“干中学”的内涵的区别，用工作经验替代“干中学”的做法显然欠妥当。如果用工作经验替代“干中学”，那么农民工工作的不稳定性，以及反复跳槽的工作经验可能正是造成前述实证研究认为“干中学”收益率偏低的主要原因。量化专用性人力资本的第二种方法是用农民工的技能水平（如技能资格证书、技能等级等）来衡量“干中学”。采用这种方法进行研究的结论表明，技能水平对农民工获得较高的经济和社会地位具有重要的作用，有利于提高农民工的工资收入（姚先国等，2006）[89]。但是，用技能水平来替代“干中学”也是不完全准确的，因为农民工技能的获得既可以来自于教育和培训，也可以来自于“干中学”，如果不加区分地混同，就无法正确分析“干中学”对收入的影响效应。

关于农民工“干中学”对其收入的影响研究，比较全面和深入的文献是吴炜（2016）根据2010年长江三角洲地区和珠江三角洲地区农民工数据进行的分析。在该文献中，研究者将农民工的人力资本变量操作化为三个部分——受教育程度、“干中学”获得的技能以及由教育和培训获得的技能；然后通过询问农民工目前工作中技能的来源是否从“干中学”得来，并根据农民工的回答设定虚拟变量测量农民工人力资本存量中的“干中学”成分，进而计算其对收入的影响。研究表明，当前教育培训并没有成为我国农民工技能的主要来源，农民工技能的主要来源是“干中学”，是他们在工作中习得的，来自于他们的直接经验。而且，当农民工的工作技能完全由教育培训提供时，随着受教育水平的提高，其收入效应是低于“干中学”的；如果农民工在接受完基本的教育之后又善于在工作当中学习，其收入提高就会更快[85]。该项研究表明了“干中学”在农民工人力资本积累中的重要作用，也在一定程度上解释了农民工辍学的现象，即农民工在接受了基本的教育之后就可以通过在工作中掌握劳动技能（“干中学”）来获得较高收入。

（五）个体特征与培训收益率

培训收益率的估算还要考虑被培训农民工的性别、学历、家庭背景等个体特征，甚至农民工的就业地域、行业等劳动力市场特征也会影响培训收益率。因此，必须考虑加入各种控制变量，同时根据需要来检验培训与其他变量对收入影响的交互效应。

武向荣（2009）的研究发现，农民工参加培训的收益率（22%）要高于城市职工的培训收益率（18.1%），且不同类型的农民工获得的培训收益率不同，个人特征差异和劳动力市场结构特征是影响培训收益率差异的主要因素[90]。崔玉平和吴颖（2017）则检验了农民工教育和培训的交互作用，发现有培训经历的农民工的教育收益率显著高于无培训经历的农民工；同时，农民工的培训收益率会随着学历层次的提升而提高；“来源地”和“婚姻状况”对农民工收入水平也有显著影响，但是“性别”和“职业类型”的影响并不显著[52]。

为提高农民工培训收益率估算的精确度，屈小博（2013）采用倾向性得分匹配估计方法，估计了剥离受教育程度这一重要个体特征的影响之后，技能培训对农民工人力资本收益的平均净效应。研究发现，接受过非农技能培训的农民工比未接受过相关培训的农民工月工资高136.8元，非农技能培训使农民工人力资本净收益提高了近8.24%；与此同时，受教育程度对培训也具有显著的正向交互效应[91]。用同样的估计方法，张晓恒等（2017）纠正了以往模型没能有效解决的样本自我选择偏误问题，研究发现，新生代农民工人均工资因为接受职业技能培训而增加3.157~3.484元，月工资增幅约为5.9%。研究结果还表明，职业技能培训对具有初中及以下学历的新生代男性农民工收入的促进作用更强[92]。换言之，学历偏低的农民工群体不但更需要职业技能培训，而且接受相关培训后的工资收入增长效应更显著。

三、农民工培训收益率估算方法的缺陷

相比教育收益率的估算而言，利用明瑟方程估算农民工培训收益率将出现更多缺陷。在估算教育收益率过程中遇到的变量遗漏、测量误差、样本选择偏差以及群体异质性，在农民工培训收益率估算中都会遇到，而且某些时候还会更难以处理。明瑟收入方程已经成为国内外学者研究教育与培训收益率的主流工具，但是在实际使用过程中，必须根据研究对象和研究目的的不同，对明瑟收入函数方程进行适度的修改，并选择一定的纠偏方法来估算培训收益率。

（一）样本选择偏差难以处理

在估算教育收益率过程中，为了避免样本选择偏差，研究者会把就业与不就业的劳动者都纳入样本，并采用赫克曼两阶段模型进行分析。赫克曼两步法对样本选择偏差的调整效果严重依赖选择方程设定的准确性。如果个人选择（选择是否就业）方程中遗漏了影响个体选择的重要控制变量，会给教育收益率引入新的、不可控的偏误。

利用明瑟收入方程模型分析培训收益率，其前提是农民工的培训参与情况是严格外生的，否则得到的将是有偏的系数估计量。但实际上，农民工是否参加培训、参加什么类型的培训，都取决于农民工个体的参与决策，它是个体自愿选择的结果。在农民工培训与否的自我选择过程中，影响其决策结果的因素包括许多方面，如农民工家庭经济状况、家庭成员结构、农民工个体就业职业、文化程度、个体能力、就业期望、回报期望、就业单位特征，甚至还包括政府的培训政策、培训的可获得性等。如此多的影响因素，造成农民工培训的个人选择方程设定出现困难，再加之在上述培训参与决策的影响因素中，如个体能力、就业期望、回报期望等一些因素是很难被观察得到或很难被准确量化的，这更加重了问题的严重性，使赫克曼两阶段模型处理样本选择偏差的效果大为下降。如果利用倾向得

分匹配模型来处理样本选择偏差，则会在计算农民工选择培训的概率和倾向得分时面临同样的困难[78]。

（二）农民工培训的测量困难

利用明瑟收入方程估算教育收益率时，受教育年限的测量误差就一直存在。而相比受教育年限的测量，农民工培训（包括具体培训模式、培训时长等）的测量就显得更加困难。虽然不同层次学历教育的收益率存在差异，但是大多数研究并没有严格区分小学教育、初中教育、高中教育、大学教育的教育收益率差异。而且对受教育年限的测量，学界基本达成了一致意见。现实中，关于农民工培训变量的测量，往往只能收集农民工是否参加过培训或者培训累积时长等数据。然而，农民工培训的具体形式千差万别，培训内容也多种多样，将农民工个体的培训时间简单累加并不合理；仅询问农民工是否接受过职业培训，然后将培训作为虚拟变量代入明瑟收入方程，并据此来估算培训收益率，就显得更为草率了。

1. 培训模式只能用类别变量衡量

现实中的培训模式存在多样性，但大多数的研究并没有严格区分培训模式差异对培训效果的影响，这主要是由于职业培训形式的多样化与灵活性，导致进行相关实证研究面临极大的数据收集困难。所以，很多文献在研究职业培训对农民工工资的影响时，只考虑农民工是否有过培训经历，而不区分这种培训经历是通过何种培训模式而取得。这种情况下，要估算农民工培训的收入影响，就只需在明瑟方程中加入一个二分类变量——“职业培训”，其取值为“是”与“否”（1 或 0），这种处理方法将无法深入研究不同模式职业培训对农民工收入影响的差异性。

如果要考察不同培训模式对收入影响的差异性，就需要使用多分类变量（无序）来衡量，并通过设立多个虚拟变量加入收入方程进行分析。但是这种设定方式得出的估计系数就不能解释为“培训收益率”，而应该解释为接受过某种模式培训相比没接受过同样培训的农民工在收入上是否有显著差异（一般为显著增加，但是也不排除方向为负的可能）。即便采用倾向得分匹配模型得出接受过某种培训的农民工比没有接受过相同培训的农民工在平均收入上高出一定数值，也只能相应算出接受这种培训的收入增加比，这也不是严格意义上的培训收益率。农民工培训收益率是指每增加一个单位时间的培训，农民工收入增加的比例，这种定义方式是与教育收益率的定义方式一致的。

2. 培训时长计算误差

农民工培训活动不同于学历教育，后者具有较好的时间延续性，在测量教育时间长度时，造成偏误的可能性较小。与之相反，农民工培训活动通常具有离散性，即在时间上缺乏连续性，可能有的培训持续的时间较长，培训活动的安排也比较集中和紧凑，但有的培训则可能断断续续，而且，一个农民工可能在多个年份多次参加培训，每次培训的时长不一。如果通过问卷或访谈的形式收集农民工培训时长的数据，数据的真实性就不能得到保障，因为它要求农民工如实且记忆良好地回答相关问题。

培训时间的长短显然对农民工技能和人力资本的积累有显著影响，就像教育年限对一个人的人力资本积累有重要影响一样。但是如果采集来的农民工培训时长无法反映真实情况，那么依据错误的数据得出的“精准结论”就会产生误导性。

(三)“干中学”与工作经验混同

从广义的角度而言，教育显然包括培训。但是在教育经济学领域研究教育收益时，往往特别指学历教育所产生的教育收益，而不包括职业培训所带来的收益。回顾一下基本的明瑟收入方程 $\ln Y=\beta_0+\beta_1 Edu+\beta_2 Exp+\beta_3 Exp^2+\mu$，可以看到在明瑟方程的解释变量中并没有职业培训，所以如果要考察各种培训模式的影响，就必须对方程进行扩展，加入新的解释变量。

但是，这里的“工作经验”变量却给培训模式中的在职培训变量测量带来困惑。通常用“劳动者年龄-入学年龄-受教育年限”来计算“工作经验”。农民工群体在进入城市劳动力市场之后，由于各种客观因素的阻碍，他们参加正规培训的比率并不高（近年来的全国农民工监测数据表明，仅 1/3 的农民工接受过某种形式的培训），那么还有大部分农民工的工作技能主要还是靠工作经验积累、“干中学”习得。

“干中学”应该被看作一种特殊的培训形式，但是基本明瑟收入方程将“干中学”与工作经验进行了混同，我们认为这是不太合适的。不过，前已述及，对于“干中学”的测量是一件十分困难的事情。结果造成：一方面，将“干中学”与工作经验混同会造成估计系数 β_2 的含义脱离其本意，出现错误的解释结果①；另一方面，如果单独加入“干中学”变量作为解释变量，又很难对其进行合理而准确的测量。

综上，尽管关于农民工培训收益率的估算研究已经取得一定成果，但是在利用明瑟收入方程估算培训收益率的过程中暴露出的诸多缺陷不应该被忽略。那么，在样本数量和质量得不到足够保障的情形下，再好的统计方法也可能得出有偏差的估计结果。基于这种考虑，本书不再把估算培训收益率作为研究的重点，而是另辟蹊径考察不同培训模式对农民工收益影响的差异性，即探索不同培训模式下农民工人力资本的积累情况是否有差异，以及因此而带来的收入增长是否存在区别。

聚焦于不同培训模式的收入影响差异，而不去估算具体的培训收益率，在实证研究过程中，至少有以下三点好处：一是不需要严格收集农民工真实的工资收入数额，在问卷调查和访谈中可以把收入信息采集进行放宽，农民工只需汇报个人收入所处的区间段即可，这就可以增强数据收集的可靠性。二是不必担心如何精准衡量不同培训模式（包括培训时长、培训方式、培训内容等），只需用虚拟变量考察农民工是否接受过某种模式的培训，因为某种培训模式之所以区别于其他模式，正是因为它有自己特定的培训时长、培训方式和培训内容安排。比如，政府主导的培训，一般是短期形式（从几天到几十天不等）的集中培训，且培训内容基本上属于一般技能培训，培训形式以讲授为主，兼顾少量的实践操作，讲究的是“短平快”。三是不用过于担心样本选择偏差问题。如果要计算某种培训模式的收益率，则必须考虑农民工接受该模式培训的意愿（或农民工选择参加该模式培训的概率），也就是要使用赫克曼两阶段模型来修正可能存在

① 该估计值可能偏高，那是因为“干中学”在发挥效应；该估计值偏低，则可能是农民工经常转换工作，甚至长期处于失业状态，导致个体的技能深度积累不够。

的选择偏差。但如果只是比较不同培训模式对农民工收入的影响差异，则无须考虑选择偏差，而只需将“无培训经历”作为培训模式类别变量的参照，就可以很方便地观察参加某种模式培训相比无培训经历的农民工在收入方面的增长情况。所以，不去估算具体的培训收益率，可以让测量误差、样本选择偏差等问题得到有效缓解。当然，遗漏变量和群体异质性问题的影响依然存在，但至少可以让研究者不用担心普通 OLS 方法会造成十分严重的偏误。

第五章　不同培训模式对农民工收入影响的差异

上一章对利用明瑟方程及其扩展形式测算农民工培训收益率存在的诸多弊端进行了详细探讨，并提出本书的重点侧重于探索不同培训模式对农民工收入影响的差异性，从而有效缓解了培训收益率估算中难以解决的问题。事实上，已有文献所测算出来的培训收益率各不相同，且差异很大，使培训收益率的数值大小在实践层面的意义大幅下降。因此，本章在实证研究中放弃了传统的明瑟收入函数方程。

一、研究对象与假设

（一）农民工培训模式

农民工培训模式有多种分类方法，本书第二章已经就相关问题进行了讨论。本章为了便于实证分析和考虑数据收集的便利性，将主要按照培训费用由谁来支付，重点考察农民工培训政府主导型、企业主体型和市场依托型三种培训模式；同时，结合实际情况，再加入两种特殊培训模式——拜师学艺（学徒工）和“干中学”。上述五种培训模式在后面的变量设定中，分别对应“政府培训”、“企业培训”、“市场培训”、“拜师学艺”、“干中学”。

（二）农民工收入

一种培训模式能不能吸引农民工，提高其培训参与意愿，关键看这种培训能不能切实提高农民工收入。换言之，只有“有利可图”，农民工才会对政府与社会提供的培训项目感兴趣。农民工在城市的就业形式十分灵活，其收入构成也十分复杂，为了方便后续开展农民工培训模式的收入影响实证研究，就必须对农民工的收入形式和内容进行界定。农民工收入至少包括以下几种可能：

1. 受雇工资收入

它是指农民工为各类企事业单位或个体工商户所雇用，通常签订有劳动合同并定期从雇主获得的劳动报酬收入。农民工的工资收入主要是货币性工资收入，同时包括奖金、津贴、社会保险费用、住房公积金和实物折现的总和。农民工同时兼职多份工作，从多个雇主获得的兼职工资收入，应该合并计算。农民工受雇工资收入是本书重点关注的收入内容，因为农民工职业技能培训往往直接影响这部分收入的高低。

2. 自雇经营收入

农民工的城镇就业形式除了受雇（Paid-employment）之外，还有自雇（Self-employment）。自雇经营收入是指农民工通过经营个体工商户甚至创业成为企业主而获得的净收入（去除生产经营成本和雇佣成本后的剩余利润）。通常而言，自雇比受雇能够获得更高的经济收入，甚至为个人乃至整个群体的向上社会流动提供了一条可行之道[93]。国内学者李培林（1996）对农民工的社会网络和社会地位的研究表明，占有相当生产资本并雇用他人的业主的经济社会地位比一般进城打工者要高得多，他们中有更多的人认为自己属于城市中等偏上阶层[94]。自雇就业具有一定的经济活力和发展前途，是农民工向城市迁移和适应城市的一条可能途径[95]。自雇经营者已经逐渐发展成为一个与专业技术或管理人员类似的稳定高收入阶层[96]。总之，自雇与受雇农民工在社会阶层、经济地位、社会资本、社会网络和发展前景上存在差异，并且自雇者优于受雇者。由于农民工培训大都是一些职业技能培训，创业与经营培训项目较少，且自雇农民工的收入离散程度偏大，因此自雇农民工将不作为本书实证分析的样本。

3. 打零工收入

有相当一部分农民工在城镇的就业处于不稳定状态，既没有固定工作，也没有固定收入，主要依靠不定期从事一些零散短工来获取收入，如在某个工程项目中充当油漆工、木工、搬运工、清洁工、维修工等，或者接单制作一些需要手工劳作的编织、针织、缝纫、玩具制品。打零工的收入多以日薪、计件的形式来获取，也有一些周期较短的工程在项目结束时采取一次性付清的形式支付给农民工。农民工打零工收入的高低显然与其个人职业技能紧密相关，因此这部分收入也是本书在实证研究中需要考虑的内容。

4. 农业生产经营收入

农民工虽然主要在城镇就业，通过非农工作获得收入，但是许多农民工在农村依然保留田地和宅基地，在农忙或者城镇工作间隙返乡从事农业活动也可以为农民工带来一定收入。农民工返乡劳作、从农村生产资料中获取的收入，本书划归为农业生产经营收入，包括土地农作物生产收入、土地流转收入、宅基地与房屋出租收入等。虽然农业技能培训也属于农民工培训的一部分，但是本书更专注于农民工的非农技能培训，因为它对农民工的城镇就业与市民化十分重要。因此，农民工的农业技能培训以及与之相关的农业生产经营收入，不是本书研究的重点，也不会纳入实证研究范围。

5. 其他收入

农民工通过资产投资、购买股票等金融产品、银行储蓄等途径获得的资产回报与利息收入等内容，与农民工培训的关联性不强，也不是本书关注的重点。

总而言之，虽然类似于人际交往技巧、政策法规学习、创业能力培训等农民工培训可能会全面提升农民工素质，进而影响农民工从各方面获取收入的能力，但是通常意义上的农民工培训，都是面向城市受雇就业的职业技能培训，如家政服务、美容美发、机械操作等技能培训。因此，本书将农民工收入限定于农民工受雇工资收入和打零工收入（实际上也是一种受雇工作收入，只是不如前者稳定），试图深入研究职业技能培训与农民工收入之间的关系。

（三）理论假设

关于农民工培训意愿和培训需求分析的实证研究表明，农民工是否愿意参与一种培训，除了自身的年龄、文化基础、学习能力、求职意向以及参加培训的机会成本之外，还会重点考虑参加某项培训的费用成本和培训后的预期收入。但是一项培训能否显著提升农民工的收入，对需要立即做出参与培训决策的农民工而言还是一个未知数，农民工只能根据这项培训所提供的培训内容、采用的培训形式、培训时间安排等特点来推测它对远期收入的影响。一项培训在费用负担、培训内容、培训形式、培训时间等方面的不同正是各种培训模式的差异所在。本章要研究的“政府培训”、“企业培训”、“市场培训”、“拜师学艺”、“干中学”这五种培训模式在上述方面显然是有明显不同的，它们的主要特征差异如表 5-1 所示。

表 5-1 不同农民工培训模式的主要特征差异

培训模式	培训内容	培训形式	培训时间	培训实施者	费用负担
政府培训	一般技能、初级技能	集中授课为主，少量实践为辅	短期培训为主，一般不超 6 个月	政府委托职业学校或社会培训机构	主要由政府负担，农民工可能承担部分费用
企业培训	专用技能、中级技能	在岗培训为主，少量授课，大量实践	1~3 个月短期培训为主，也可持续开展	企业用人部门、企业委托的外部培训机构	主要由企业承担，农民工在培训期间接受较低工资待遇
市场培训	一般技能、中级技能	集中授课，集中实训	1~6 个月中短期培训为主	社会培训机构	主要由农民工承担
拜师学艺	专用技能、中高级技能	师傅言传身教，实践为主	1~3 年中长期培训	具有熟练技艺的民间人士	主要由农民工承担
“干中学”	专用技能、初中级技能	个人实践经验总结	1 年及以上中长期学习	无	无

通常而言，农民工愿意选择少花钱、少花时间，却又能获得较高技能的培训模式。不过，正所谓鱼和熊掌不可兼得，政府培训不需要农民工承担培训费用，培训时间也较短，但是农民工只能获得一般性技能和初级技能，对其城市工作的收入增加效应可能并不明显。于是有：

假设1：政府培训对农民工的吸引力一般，农民工参与政府培训的比例偏低，而且培训后的收入增加效应不明显。

企业培训可以传授农民工与岗位相关的专用性技能，能有效提升农民工技能水平，而且培训时间一般不会超过3个月（因为企业希望培训投入能尽快转化为生产率，所以不会对员工培训进行过度投入），培训费用也主要由企业承担，因此企业培训必定广受农民工的欢迎。但是企业培训的先天弱点是，企业只会对已经雇用的农民工考虑是否开展培训，而且还会担心培训实施后，农民工离职带来的人力资本投资损失，因此真正能享受企业培训的农民工占比不会太高。所以有：

假设2：企业培训对农民工的吸引力很强，然而企业人力资本投资的风险性负面影响了农民工接受企业培训的概率。不过，对于那些接受了企业培训的农民工来说，其收入增加效应是显著的。

市场培训需要农民工个人投入培训成本，但是这种模式的好处在于可以在较短的时间内，让一个没有太多文化基础的农民工获得进入某一职业领域的基本技能甚至中级技能。所以市场培训还是有一定吸引力的，特别是对年纪较小的新生代农民工群体而言。因此有：

假设3：市场培训对农民工群体有一定吸引力，且接受过市场培训的农民工，其培训后的工资收入会有较大提升。

拜师学艺是一种比较传统而古老的职业教育与培训形式，随着时代的变迁和学校职业教育的兴起，拜师学艺群体的数量在逐渐萎缩。但是，这种技能培训方式所传授的是专用性技能，且能让学习者的技艺达到较高的层次。所以，即便它需要投入很多的学习精力和就业机会成本，社会上依然会有少部分农民工通过民间拜师学艺习得职业技能。所以有：

假设4：农民工群体中，通过拜师学艺来获取职业技能的比例不高，但是这种培训经历会显著提升农民工的收入。

“干中学”是一种十分特别的职业培训模式，它不等同于纯粹的工作经验积累。在这种模式中，没有培训实施者，农民工必须靠个人的领悟、钻研和总结来不断习得新的技能，因此它是一个相对漫长的过程。我国大部分进城农民工都没有接受过专门的职业培训，农民工收入的提升在一定程度上依赖其自身的“干中学”行为。所以，只要农民工在某个职业领域长期地积累和思考，这种“干中学”行为必定对其收入增长有十分明显的积极作用。所以有：

假设 5：“干中学”是我国农民工群体提升职业技能的主要形式之一，“干中学”对农民工的收入有显著积极影响。

二、研究设计与方法

（一）数据来源

本书所采用的数据源自武汉科技大学管理学院“农民工培训与收入”课题组和“武汉科技大学社会调查与研究协会”共同实施的问卷调查。武汉科技大学社会调查与研究协会是一个由学生自发组织成立的学生社会团体，协会成员大部分为武汉科技大学本科生和研究生，他们对专业性、学术性和实践性的社会调查充满兴趣。该协会主要与校内需要进行社会调查的科研项目进行合作，协会并不以盈利为目的，而是为了激发大学生对社会热点与焦点问题的关注，同时锻炼大学生的社会实践能力。截至 2016 年底，协会共有成员一百多名。我们在与该协会的学生负责人达成一致意见之后，首先召集协会所有成员对本课题的研究目的、调研目的、调研计划和调研问卷进行了详细说明；其次考虑到参与本次调研并没有太多的经费补贴，为了保证参与调研的学生不会作假，我们特别强调了调研参与的自愿性，有任何顾虑的同学都可以退出此次调研；最后通过充分沟通，同时考虑分组方便，我们确定了 50 名学生成为正式调研员。

这项调查活动的时间主要集中在 2016 年 12 月至 2017 年 3 月，目的是利用农民工春节返乡以及大学生寒假的便利性。实际上，我们在确定学生调研员时，有意选择了农村生源的学生加入（前提依然是自愿），以保证大部分学生都有机会深入农村开展调研活动。大致根据50名学生调研员的生源地区分布，我们将他们分为10个小组，每个小组设组长一名①；组员在实施调查过程中，及时向组长汇报其调研的进度和遇到的困难；组长再向“农民工培训与收入”课题组联络人汇报各组的进展，反馈遇到的问题，并接受课题组联络人的指导。

此次调研为每位学生制定的调研任务是完成40份问卷填写（总目标完成2000份问卷）。要求学生在寒假返乡期间，农村生源的学生以家庭所在村为中心、半径1~2千米范围内随机抽样农村家庭，对返乡农民工实施调查；如果是非农村生源的学生，要求其在车站、码头等返乡农民工能短暂停留的地方，随机抽样实施问卷调查。考虑到上述调研在实施过程中可能遇到被调研人不配合、敌意和文化素质偏低的问题，本次问卷的设计在保证获取核心信息的基础上，对问卷进行了尽可能的精简。详细问卷题目见附录“我国农村居民城镇就业与技能培训调查”。

最终，发放问卷1870份，回收1862份，回收率99.6%②；剔除答题存在大量空缺和随意勾选的问卷（如不同题目的选项勾选基本相同），剩余有效问卷1827份，有效率98.1%。又因为本书对农民工收入变量的定义局限于农民工受雇工资收入和打零工收入，所以需要剔除自雇农民工样本，结果剩下1343份问卷作为数据分析的样本数据。

（二）变量描述

根据问卷题项设计，把涉及的变量基本信息用表5-2展示。关于因变量和自变量的说明如下：

---

① 武汉科技大学近年来的招生生源集中在湖北、河南、四川、广东、广西、贵州、湖南、浙江、山西等省份，这些地区也基本上是农民工输出大省，因此通过上述生源地区的学生深入农村实施调研，在某种程度上保证了本书所收集样本的代表性。

② 农村生源学生的问卷调查任务完成得较好，城市生源的学生在车站、码头的调查并不顺利，所以最终没有完成总额2000份的目标。在农村家庭调查中，主要采用当面发放问卷当面回收形式，因此回收率很高，极少数农村家庭要求延迟回收，导致了问卷丢失情况。

表 5-2 变量描述

		变量说明及取值
因变量	当前收入	（月收入）不足 1000 元=1，1000~1999 元=2，2000~2999 元=3 3000~3999 元=4，4000~4999 元=5，5000 元及以上=6
	主观收入水平	远低于平均水平=1，稍低于平均水平=2，相当于平均水平=3， 稍高于平均水平=4，远高于平均水平=5
		变量说明及取值
自变量	性别	男=1，女=0
	年龄	16~20 岁=1，21~30 岁=2，31~40 岁=3，41~50 岁=4，50 岁以上=5
	文化程度	小学及以下=1，初中=2，高中/中专=3，大专及以上=4
	健康状况	经常生病=1，感觉疲劳=2，感觉一般=3，感觉良好=4，精力旺盛=5
	就近就业	本地县市为基底； 本省外地=1，否则=0； 外省=1，否则=0
	就业区域	西部地区为基底； 东部地区=1，否则=0； 中部地区=1，否则=0
	就业行业	制造业为基底； 建筑业=1，否则=0； 批发零售业=1，否则=0； 交通运输、仓储业=1，否则=0； 住宿、餐饮业=1，否则=0； 居民服务、修理和其他服务业=1，否则=0
	务工年限	不到 1 年=1，1~2 年=2，3~4 年=3，5~7 年=4，8~10 年=5，10 年以上=6
	职业变更	1 次=1，2 次=2，3 次=3，4 次=4，5 次及以上=5
	当前职业年限	不到 1 年=1，1~2 年=2，3~4 年=3，5~7 年=4，8~10 年=5，10 年以上=6

续表

		变量说明及取值
自变量	培训模式	无培训经历为基底； 政府培训＝1，否则＝0； 企业培训＝1，否则＝0； 市场培训＝1，否则＝0； 拜师学艺＝1，否则＝0； “干中学”＝1，否则＝0

1. 因变量

本书主要关注“当前收入”受哪些因素的影响，“当前收入”是指农民工近三个月的月平均收入。同时，本书还设置了一个心理觉察变量——“主观收入水平”，它是农民工对自身收入高低的一个主观感受，其参照依据是“与相同或类似职业的其他进城务工人员相比”。“主观收入水平”可以反映农民工对自身收入水平的满意度高低。

2. 自变量

对表 5-2 中的部分自变量补充说明如下：

(1) 健康状况。健康也是一种人力资本，加入该变量的目的是想观察身体健康情况是否对农民工的收入有积极影响。

(2) 就近就业。农民工是否选择就近就业，特别是就地城镇化，取决于就近就业的收入水平。那么反过来，就近就业这样的选择是否会影响农民工的收入水平呢？

(3) 就业区域。其用于观察农民工在不同地区就业的收入水平是否有显著差异。

(4) 就业行业。根据近几年的农民工监测报告，有大约三成农民工在制造业就业，两成农民工在建筑业就业，还有接近一半的农民工在服务业就业。以制造业为基底，可以清楚地看到其他行业农民工收入的相对高低情况。

(5) 职业变更。农民工就业的一个特点是流动性很强，职业变更频繁，那么这种频繁的职业变更对农民工的收入又有何影响呢？

三、研究结果与讨论

（一）描述性统计

1. 变量基本特征

从表5-3可以看到，“当前收入”均值为3.74，说明大部分农民工的收入集中在3000~4000元/月，但是“主观收入水平”均值却只有2.65，意味着大部分农民工觉得自己的收入与相同或相似职业劳动者的收入相比低一些，这反映了农民工普遍对自身收入不太满意。

表5-3　变量描述性统计（极大极小值、均值方差）

变量	N	极小值	极大值	均值		标准差
	统计量	统计量	统计量	统计量	标准误	统计量
当前收入	1339	1	6	3.74	0.078	1.442
主观收入水平	1334	1	5	2.65	0.052	0.946
性别	1337	0	1	0.60	0.027	0.490
年龄	1340	1	6	2.89	0.066	1.212
文化程度	1341	1	4	2.53	0.053	0.981
健康状况	1332	1	5	3.63	0.053	0.964
本地县市（基底）	—	—	—	—	—	—
本省外地	1343	0	1	0.24	0.023	0.431
省外	1343	0	1	0.36	0.026	0.482
西部地区（基底）	—	—	—	—	—	—
东部地区	1343	0	1	0.32	0.025	0.467
中部地区	1343	0	1	0.53	0.027	0.500
制造业（基底）	—	—	—	—	—	—
建筑业	1343	0	1	0.23	0.023	0.424
批发零售业	1343	0	1	0.07	0.014	0.255
交通仓储业	1343	0	1	0.06	0.013	0.245

续表

变量	N	极小值	极大值	均值		标准差
	统计量	统计量	统计量	统计量	标准误	统计量
住宿餐饮业	1343	0	1	0.14	0.019	0.347
居民服务与其他	1343	0	1	0.29	0.025	0.456
务工年限	1338	1	6	3.96	0.094	1.721
职业变更	1342	1	5	2.78	0.069	1.271
当前职业年限	1341	1	6	3.03	0.091	1.687
无培训（基底）	—	—	—	—	—	—
政府培训	1342	0	1	0.16	0.020	0.365
企业培训	1341	0	1	0.50	0.027	0.501
市场培训	1340	0	1	0.34	0.026	0.475
拜师学艺	1339	0	1	0.24	0.023	0.429
“干中学”	1340	0	1	0.84	0.020	0.371

描述性统计还展示了样本的如下信息：男性农民工占比为60%；农民工年龄集中在20~40岁，且以30多岁为主力；农民工学历集中在初中和高中/中专文化层次；农民工的身体状况介于一般和良好之间，且多半农民工觉得自己的身体状况良好。在本地县市就业的农民工占比为40%，而在本省外地县市就业的比例为24%，在省外就业的占比为36%，这说明农民工近年来的就近就业趋势日益明显。农民工在东部、中部、西部三大区域就业的比例是32%、53%、15%，这反映出东部地区劳动密集型产业已经基本向中部转移结束的特点。按就业行业分布来看，制造业、建筑业、批发零售业、交通仓储业、住宿餐饮业、居民服务与其他的占比分别是21%、23%、7%、6%、14%和29%，这个比例反映出制造业农民工占比在下降，居民服务与其他等社区服务性行业吸纳了越来越多的农民工就业。样本农民工在城镇务工的年限均值在5~7年，但从事当前职业的平均年限只有3~4年，而且平均来说，自进城务工以来，每个农民工更换职业的次数达到2.78次。

关于接受不同模式培训的情况统计表明，仅有16%的农民工接受过政府组织的公益性职业培训活动，但是几乎一半的农民工或多或少接受过企业培训①；另外，有34%的农民工汇报他们曾经自费参加过某种形式的市场培训，有24%的农民工说他们曾经找人拜师学艺②；而且，不出意外，84%的农民工都认为他们所掌握的技术和本领，源自自身在工作中的摸索，是“干中学”所获得的技能。

2. 简单相关分析

表5-4是两个因变量“当前收入”和“主观收入水平”与各自变量之间的两两相关情况。从中可以看到，性别、就业地点和区域、就业行业、务工年限、当前职业年限一般与农民工的当前收入和主观收入水平相关。但是出乎意料的是，文化程度、健康状况、职业变更、各种职业培训这些与人力资本改变紧密相关的变量却与农民工的收入之间没有显著相关关系。因此，还需要对数据进行进一步分析，寻找深层次的关系。另外，为了使层次回归分析更有逻辑性，将自变量划分为“个体特征”、“就业地点与行业”、“工作经验”和“培训模式”四个大类。

表5-4　“当前收入”和“主观收入水平”与各自变量的简单相关系数

	自变量	当前收入	主观收入水平
个体特征	性别	0.275**	0.115*
		0.000	0.037
	年龄	0.106	0.137*
		0.053	0.012
	文化程度	-0.024	-0.069
		0.654	0.207
	健康状况	0.047	0.043
		0.399	0.444

① 本书已经剔除自雇农民工样本，这里用于统计分析的都是他雇农民工，所以一半的农民工汇报说接受过企业培训并不令人惊讶。相反，这个50%的企业培训数据恰恰反映了企业对农民工培训投入的不足，因为对企业而言，对所有新入职员工实施入职培训是最基本的要求。

② 拜师学艺的占比数似乎偏高，这与问卷的设计有关系，问卷填写者可能认为只要有师傅带都算拜师学艺，因此不能将中国传统意义上的古典学徒制与这里的拜师学艺画等号。

续表

	自变量	当前收入	主观收入水平
就业地点与行业	本省外地	-0.037	-0.062
		0.501	0.258
	省外	0.121*	0.051
		0.026	0.353
	东部地区	0.162**	0.055
		0.003	0.314
	中部地区	-0.114*	-0.076
		0.036	0.165
	建筑业	0.162**	0.156**
		0.003	0.004
	批发零售业	-0.033	0.060
		0.540	0.273
	交通仓储业	0.063	0.022
		0.249	0.691
	住宿餐饮业	-0.098	-0.054
		0.071	0.324
	居民服务与其他	-0.154**	-0.086
		0.004	0.119
工作经验	务工年限	0.286**	0.244**
		0.000	0.000
	职业变更	0.008	-0.051
		0.891	0.355
	当前职业年限	0.297**	0.272**
		0.000	0.000

续表

	自变量	当前收入	主观收入水平
培训模式	政府培训	0. 043	0. 046
		0. 431	0. 406
	企业培训	0. 066	0. 042
		0. 228	0. 441
	市场培训	0. 042	-0. 090
		0. 447	0. 102
	拜师学艺	0. 046	-0. 025
		0. 403	0. 646
	"干中学"	0. 088	0. 012
		0. 108	0. 821

注：** 表示在 0. 01 的水平（双侧）上显著相关；* 表示在 0. 05 的水平（双侧）上显著相关。

（二）层级回归分析

为了更清楚地观察农民工个体特征变量、就业地点与行业变量、工作经验变量和培训模式变量对"当前收入"和"主观收入水平"的影响，本书将分别对两个因变量使用层级回归来检验自变量的影响大小。需要特别说明的是，在层级回归中通过共线性检验发现"健康状况"、"务工年限"和"当前职业年限"三个变量 VIF 值超过了 10，表明存在多重共线性问题。考虑到农民工"当前职业年限"与"当前收入"的相关系数（0. 297）大于"务工年限"与"当前收入"的相关系数（0. 286），决定舍弃"务工年限"，保留"当前职业年限"；"健康状况"与农民工收入之间的相关性本身不显著，所以这里直接予以舍弃。另外，本书重在比较不同因素对农民工收入影响的相对大小关系，所以在回归分析中没有加入常数项。

1. "当前收入"做因变量

表 5-5 显示，四个模型都是显著的，虽然 F 值在下降，但是调整后的

R^2 在不断增加，且回归标准误逐渐下降，这说明层级回归模型的拟合情况从模型 1 到模型 4 在不断优化。

表 5-5 因变量"当前收入"的层级回归

	模型 1		模型 2		模型 3		模型 4	
	标准系数	Sig.	标准系数	Sig.	标准系数	Sig.	标准系数	Sig.
性别	0.224**	0.000	0.184**	0.000	0.136**	0.000	0.144**	0.000
年龄	0.397**	0.000	0.297**	0.000	0.129*	0.026	0.117*	0.042
文化程度	0.396**	0.000	0.329**	0.000	0.283**	0.000	0.209**	0.000
本省外地			0.009	0.728	0.011	0.651	0.007	0.790
省外			0.047	0.157	0.043	0.179	0.030	0.354
东部地区			0.097*	0.014	0.072	0.061	0.062	0.101
中部地区			0.080	0.070	0.061	0.156	0.038	0.375
建筑业			0.066*	0.026	0.039	0.186	0.048	0.111
批发零售业			0.026	0.267	0.023	0.330	0.024	0.302
交通仓储业			0.016	0.485	0.022	0.327	0.017	0.437
住宿餐饮业			0.022	0.399	0.014	0.583	0.012	0.643
居民服务与其他			-0.010	0.758	-0.008	0.802	-0.005	0.865
职业变更					0.115*	0.010	0.086	0.054
当前职业年限					0.204**	0.000	0.186**	0.000
政府培训							0.021	0.338
企业培训							0.083**	0.005
市场培训							0.000	0.999
拜师学艺							-0.017	0.493
"干中学"							0.097*	0.034
R^2	0.868		0.877		0.885		0.891	
调整后的 R^2	0.867		0.872		0.880		0.884	

续表

	模型 1		模型 2		模型 3		模型 4	
	标准系数	Sig.	标准系数	Sig.	标准系数	Sig.	标准系数	Sig.
回归标准误	1.475		1.444		1.403		1.376	
F	698.938		184.331		168.966		130.139	
Sig.	0.000		0.000		0.000		0.000	

注：** 表示在 0.01 的水平（双侧）上显著相关；* 表示在 0.05 的水平（双侧）上显著相关。

（1）个体特征变量的影响：男性的当前收入显著高于女性；文化程度对当前收入有显著积极影响；年龄对当前收入的影响随自变量数目的增加，不但其影响系数在下降，显著水平也有所下降。

（2）就业地点与行业的影响：相比在本地县市就业，农民工在本省外地县市和外省就业对当前收入并没有显著差异影响。当不考虑工作经验和培训经历的影响时，农民工在东部就业的当前收入要高于在西部地区，但是在中部地区就业的当前收入与在西部就业没有明显差异。以制造业为参照，只有建筑业农民工的当前收入显著偏高，其他行业农民工的当前收入与制造业农民工没有明显差异。

（3）工作经验的影响：在不加入培训经历变量时，农民工职业变更次数越多，其当前收入会有所增加，但是考虑职业培训经历的影响之后，这种关系不再显著。当前职业年限对农民工当前收入有显著正向影响，且这种影响始终存在。这表明，农民工频繁跳槽实际上是不利于其稳步提升收入的。

（4）培训模式的影响：接受过企业培训的农民工，其当前收入要显著高于没有职业培训经历的农民工（系数 = 0.083，p = 0.005），假设 2 得到验证。“干中学”对农民工的当前收入也有较为显著的积极影响（系数 = 0.097，p = 0.034），假设 5 得到验证。政府培训、市场培训和拜师学艺对农民工的当前收入影响都不显著。前已述及，农民工参与政府培训的比例偏低，只有 16%左右，而且培训后的当前收入并没有显著增加，因此假设 1 得到验证。假设 3 和假设 4 都不成立。

为了更直观地展示假设检验结果，这里将农民工各类培训模式的参与比例以及培训后的当前收入是否显著增加的情况进行汇总，如表 5-6 所示。

表 5-6　假设检验结果

	农民工参与占比（%）	是否显著提升当前收入	是否支持假设
假设 1：政府培训	16	否	支持
假设 2：企业培训	50	是	支持
假设 3：市场培训	34	否	不支持
假设 4：拜师学艺	24	否	不支持
假设 5："干中学"	84	是	支持

2. "主观收入水平"做因变量

用农民工的"主观收入水平"作为因变量，意在从主客观两个方面综合考虑各种因素特别是培训模式对农民工收入的影响。如果农民工主观上认为自己的收入水平较高，而且是与接受过的职业培训相关，那么在一定程度上也会激发其参与某种培训的积极性，分析结果如表 5-7 所示。结果显示，层级回归的四个模型都是显著的，R^2、调整后的 R^2、回归标准误从模型 1 到模型 4 的变化趋势表明，模型的拟合情况从模型 1 到模型 4 在不断优化。

表 5-7　因变量"主观收入水平"的层级回归

	模型 1		模型 2		模型 3		模型 4	
	标准系数	Sig.	标准系数	Sig.	标准系数	Sig.	标准系数	Sig.
性别	0. 133 **	0. 000	0. 096 **	0. 004	0. 052	0. 126	0. 062	0. 063
年龄	0. 452 **	0. 000	0. 324 **	0. 000	0. 151 **	0. 009	0. 138 *	0. 016
文化程度	0. 422 **	0. 000	0. 302 **	0. 000	0. 262 **	0. 000	0. 203 **	0. 000

续表

	模型 1		模型 2		模型 3		模型 4	
	标准系数	Sig.	标准系数	Sig.	标准系数	Sig.	标准系数	Sig.
本省外地			-0.001	0.954	0.002	0.939	0.003	0.917
省外			0.030	0.359	0.030	0.344	0.024	0.452
东部地区			0.080*	0.044	0.059	0.133	0.048	0.207
中部地区			0.074	0.091	0.060	0.160	0.042	0.318
建筑业			0.123**	0.000	0.093**	0.002	0.106**	0.000
批发零售业			0.073**	0.002	0.073**	0.002	0.073**	0.001
交通仓储业			0.041	0.082	0.048*	0.036	0.047*	0.039
住宿餐饮业			0.071**	0.007	0.068**	0.009	0.068**	0.007
居民服务与其他			0.062	0.053	0.066*	0.034	0.068*	0.026
职业变更					0.071	0.107	0.046	0.297
当前职业年限					0.233**	0.000	0.231**	0.000
政府培训							0.036	0.103
企业培训							0.071*	0.016
市场培训							-0.044	0.070
拜师学艺							-0.028	0.248
"干中学"							0.085	0.062
R^2	0.868		0.880		0.888		0.895	
调整后的 R^2	0.867		0.875		0.883		0.888	
回归标准误	1.028		0.993		0.961		0.941	
F	686.932		186.709		172.326		133.499	
Sig.	0.000		0.000		0.000		0.000	

注：** 表示在 0.01 的水平（双侧）上显著相关；* 表示在 0.05 的水平（双侧）上显著相关。

（1）个体特征的影响：在加入工作经验和职业培训变量之后，男性高于女性的主观收入水平不再显著；年龄对主观收入水平的正面影响逐渐下降，但是文化程度越高，主观收入水平越高的情况始终成立。

（2）就业地点与行业的影响：是否就近就业，对农民工的主观收入水平没有显著差异影响；东部地区农民工主观收入水平高于西部地区的结论也仅仅在不考虑工作经验和培训经历的前提下成立，模型 3 和模型 4 表明东、中、西部地区农民工的主观收入水平没有显著差异；在就业行业方面，则出现了与“当前收入”做因变量时截然不同的结果——模型刚加入就业行业控制变量时，还有“交通仓储业”、“居民服务与其他”两个行业的影响系数不显著，但是到了模型 3 和模型 4，则所有行业的影响系数都变得显著，这意味着相比制造业农民工，其他行业农民工的主观收入水平都显著偏高。

（3）工作经验的影响：职业变更次数的影响不显著，但是当前职业年限对农民工主观收入水平始终有显著的正面影响。

（4）培训模式的影响：与“当前收入”做因变量时的结果相比，“干中学”的正面影响不再显著（系数 $=0.085$，$p=0.062>0.05$）；企业培训的正面影响依然显著，只是系数和显著性都有所下降（系数 $=0.071$，$p=0.016$）；政府培训、市场培训和拜师学艺对农民工的主观收入水平影响都不显著。值得注意的是，市场培训的影响（系数 $=-0.044$，$p=0.07$）和拜师学艺的影响（系数 $=-0.028$，$p=0.248$）虽然都不显著，但是其系数却是负值。特别是对市场培训而言，如果放宽 p 值到 0.1 的水平，则农民工接受市场培训反而会对其主观收入水平有负面影响。

综上，如果以主观收入水平作为因变量，再将显著性水平放宽到 $p=0.1$，则前文所述的假设 1、假设 2 和假设 5 依然可以得到支持，假设 3 和假设 4 依然得不到支持。

（三）结论与讨论

1. 关于农民工个体特征的影响

性别、年龄和文化程度等个体特征变量对农民工的收入有显著影响。通常而言，在其他条件相似的情况下，男性农民工比女性农民工的收入更高，农民工的收入水平随着年龄的增加而上升，文化程度始终对农民工的收入水平有重要的正面影响。

但是，就性别而言，当加入工作经验、培训模式等影响因素之后，尽管男性的客观当前收入依然高于女性（性别变量的系数和显著性都有所下降)，但是男性的主观收入水平却不再显著高于女性。这说明，拥有更多工作经验、接受过某些职业技术培训之后，男性开始认为自身的工资收入没有得到应有的和足够的增长。这可能与男性有更强的事业心和进取心相关，但是也从侧面表明，工作经验的增长和接受职业培训的经历，有助于缩小农民工收入在性别方面的差异，至少在主观层面女性农民工将有更多的收入获得感。

2. 关于就业地点和行业的影响

一般认为，背井离乡去打工的农民工，一定是为了挣更多的钱，而就近就业的农民工在照顾家庭的同时，可能要以降低收入为代价；同时，东部地区、中部地区和西部地区的经济发达程度呈梯次下降趋势，因此在东部地区和中部地区就业的农民工，其收入应该高于西部地区农民工。

数据分析结果却表明，上述“常识”成立的可能性较低。是否就近就业与农民工的收入之间完全没有显著关联性。这可能与近年来国家倡导农民工就地就近市民化、鼓励中小城市发展的政策分不开；发达地区产业向中西部转移，再加上农民工输出地的当地政府出台吸引农民工就近就业的政策，结果导致大量返乡农民工在离家很近的城市就找到了待遇不错的工作。另外，关于东、中、西部就业农民工收入的差异，如果放宽显著性水平，东部地区和中部地区的农民工收入依然比西部地区稍高，但是这种差异已经不太明显。

就就业行业而言，以制造业为参照，如果将“当前收入”作为因变量，则只有建筑业农民工的当前收入显著偏高，其他行业之间并没有高低差异；但是如果以“主观收入水平”为因变量，则建筑业、批发零售业、交通仓储业、住宿餐饮业、居民服务与其他农民工的主观收入水平都要高于制造业，且建筑业的高出程度最大。这表明，建筑业农民工的客观收入的确最高，且农民工对从事建筑业的收入水平感到满意。那为什么当前收入并不比批发零售业等其他行业低的制造业农民工对自身收入水平感到不满意呢？一直以来，农民工大都就业于劳动密集型行业，无论是制造业还是建筑业，抑或批发零售、交通仓储等行业，农民工的劳动强度都很大，劳动时间长，休息时间少。但是在上述行业中，制造业农民工的工作与生活空间是最狭小的，一天24小时，基本是在车间、食堂和宿舍度过，“三点一线”的枯燥生活容易让农民工感到疲倦，所以即便他们的收入水平可能要高于批发零售等服务业农民工，但其主观收入水平反而偏低。

3. 关于工作经验的影响

整体而言，农民工职业更换的次数对其收入增长没有好处，但是也没有发现显著的坏处。这表明，用工单位似乎并不看重农民工之前曾经干过多少份职业，雇主可能已经习惯了农民工频繁离职和每年春节候鸟般的迁徙，春节过后更换工作和职业似乎是普遍接受的现象。但是农民工当前职业年限对收入的显著积极影响提示我们，必须创造条件，让农民工尽量在一个职业领域，甚至一个企业长期工作下去，这对尽快提升其收入有十分重要的作用。

4. 关于不同培训模式的影响

这是本章要讨论的重点内容。在本章理论假设中，已经提出不同的农民工培训模式可能对农民工的收入产生不同影响，实证检验的结果支持了部分假设，也否定了部分假设。为了便于讨论，这里将五种培训模式对收入的影响系数和显著性水平汇总在表5-8中。

表5-8　不同培训模式对农民工收入影响的差异性对比

培训模式	当前收入	主观收入水平
政府培训	0.021（0.338）	0.036（0.103）
企业培训	0.083**（0.005）	0.071*（0.016）
市场培训	0.000（0.999）	-0.044（0.070）
拜师学艺	-0.017（0.493）	-0.028（0.248）
“干中学”	0.097*（0.034）	0.085（0.062）

注：**表示在0.01的水平（双侧）上显著相关；*表示在0.05的水平（双侧）上显著相关。

首先，无论是客观的当前收入，还是主观收入水平，接受过企业培训的农民工在两方面都显著高于没有接受过培训的农民工群体，这说明接受企业培训是有效提高农民工收入的有效途径，必须通过出台鼓励和支持政策，大力推动企业参与农民工培训。

其次，“干中学”是重要的专用性人力资本积累途径，在当前职业技能培训资源严重不足的情况下，“干中学”方式对农民工的工资收入产生着重要积极影响，这种特殊的职业培训方式的影响系数甚至超过了企业培训。与“当前工作年限”对农民工的收入影响结论一致，“干中学”模式不提倡农民工频繁跳槽，不鼓励农民工不断更换职业。强调“干中学”，并不意味着政府和企业对农民工的技能培训可以放任不管；恰恰相反，政府和企业应该努力为农民工创造自我学习和自我提升的环境。比如，政府在公共图书馆、网络在线学习资源库建设等方面要加大投入，扩大面向农民工的开放程度；政府还应该鼓励企业长期聘用农民工，引导农民工在特定领域、特定企业、特定岗位上长期工作，并要求和指导企业完善技术工人工资正常增长制度，鼓励农民工在工作岗位上不断自我进步。

再次，政府培训对农民工收入影响不显著，表明近年来政府投入在农民工职业培训项目上的资金没有发挥应有的作用，政府主导培训在实践中出现的各种弊端与低效率行为，严重影响了农民工的参与积极性，也弱化了它提升农民工收入的作用。因此，必须将传统的政府主导的农民工培训模式进行改革。政府不应该“办培训”，而应该“引导培训”。至于如何更好地发挥宏观引导和调控作用，则需要构建相应的体制机制，这也是本书后面要进一步谈到的内容。

最后，探讨一下市场培训和拜师学艺对农民工收入没有显著提升，甚至可能出现负面影响的原因。就目前的市场培训资源而言，收费高是一个普遍现象，至于提供的培训内容能否切实提高农民工就业技能，还需要进一步考察。但是市场培训追求时间短、见效快，又不能提供足够的实践操作学时，势必对其培训效果有一定影响；而且接受市场培训的，一般是刚进入劳动力市场的青年农民工，他们对职业生涯的过高期望，进一步影响了其主观收入水平，所以对市场培训的收入影响评价为负面也是有可能的

($p=0.07$)。拜师学艺的收入影响系数不显著，说明这种传统的师傅教授徒弟技艺的职业培训途径正在失去它应有的作用。造成这种局面的原因，可能是时代变迁和社会职业教育事业的发展，使拜师学艺方式显得效率过于低下，不但耗时长，而且还不一定能跟着师傅学到真本事。

第六章　企业培训影响农民工收入的内在机理

第五章已经通过实证检验证明，不同培训模式对农民工的收入影响存在差异性。企业培训对农民工的收入始终有显著积极影响，政府培训、市场培训和拜师学艺的影响不显著，而“干中学”这种特殊的职业技能获取方式虽然对农民工的收入有积极影响，但是其显著性水平较低。相比企业培训，“干中学”是一个相对漫长的过程，政府要想尽快提升农民工的职业技能和收入水平，还是应该更多依赖企业培训。那么，企业培训与农民工收入之间的传导机制到底如何？是否存在一些中介变量在发挥作用？本章在第五章的基础上，进一步探讨企业培训模式影响农民工收入的内在机理，揭示企业培训影响农民工收入的“黑箱”过程。

一、文献回顾与理论假设

（一）企业培训与农民工收入

关于培训对农民工收入的影响研究较为丰富，本书第四章在阐述农民工培训收益率时就已经进行了较为全面的总结。基本上，大多数实证研究都表明，技能培训对提高农民工收入有积极的正向作用（刘万霞，2011[97]；张世伟和王广慧，2010[70]），而且培训对收入的影响甚至高于教育对收入的影响（侯风云，2004）[76]。少数学者提到了企业培训对农民工收入影响的重要性（李实和杨修娜，2015），认为企业内部提供的培训比社会提供的培训对农民工收入影响更大[71]。因此，这里有：

假设1：企业培训对农民工的收入有正向影响。

（二）人力资本的中介作用

一般认为，培训通过人力资本的积累来影响劳动生产率，然后作用于收入（Behrman，1990）[98]。人力资本理论关注劳动力的质量，其核心思想是个人才能取决于其在学校或家庭接受的正规与非正规教育以及在劳动力市场中接受的培训、形成的经验以及迁移等（Mincer，1989）[99]。Hayami和Ruttan（1971）也指出，人力资本是解释劳动生产率差异的一个重要因素[100]。

农民工人力资本与收入之间的关系研究以侯风云（2004）为代表，其研究表明，农民工的教育收益率低于城市职工教育收益率，且远低于其他国家教育收益率；农民工的教育收益率低于接受培训的收益率[101]。类似地，张古鹏等（2007）也进行了农民工人力资本收益率分析[102]。之后的实证研究进一步表明，农民工人力资本对其收入有着积极稳定影响（李谷成等，2006；乐章和刘苹苹，2007；赵亮和张世伟，2011）[103~105]。

企业培训是人力资本投资的重要形式之一，接受企业培训将有利于农民工迅速积累用于工作场所的人力资本技能。只是一直以来，用工企业认为农民工学历低，工作经验欠缺，只能从事简单体力劳动，从而放弃了对其进行应有的技能培训。如果用工企业能摒弃这种错误的看法，加大对农民工的技能培训，农民工工作能力和效率的提升不但能提升农民工收入，也能为企业创造更大的效益。

假设2-1：企业培训正向影响农民工的人力资本。

假设2-2：农民工人力资本正向影响农民工收入。

结合假设1，可以提出：

假设2-3：人力资本部分中介企业培训对农民工收入的影响。

（三）心理资本的中介作用

在企业培训与农民工收入之间，除了人力资本变量的中介作用外，是否还存在其他中介变量呢？近来许多研究表明，相比人力资本而言，心理资本似乎更能准确预测员工绩效。目前，我国制造业安置了大量的进城农民工，这些农民工进入企业后一般会接受一定的企业培训；经过培训的农民工往往具备更强的岗位胜任能力，也更容易在工作中获得自信。那么，这种自信是否意味着农民工心理资本的增强？心理资本的增强又能否有效提升农民工的收入？

Hosen（2004）认为，心理资本不仅指个人先天具有的一些心理特征（如个性品质、认知能力等），也包括个人通过学习等途径形成的具有耐久性和相对稳定的心理内在基础架构[106]。Luthans 等（2008）在吸收前人研究成果的基础上，以积极心理学和积极组织行为学为理论基础，认为心理资本是个体在成长和发展过程中表现出来的一种积极心理状态，具体表现为自我效能、乐观、希望以及韧性[107]。可见，心理资本虽然具有先天性，但也是后天可以开发的。Averill 等（1990）认为，具有挑战性的工作也许对希望的加强有作用[108]。Luthans 等（2005）在研究中国工人的心理资本与绩效之间的关系时，发现短期培训可以用来开发参与者的心理资本[109]。而后，鲁银梭等（2011）以 Luthans 的心理资本干预模型（PCI 模型）为基础，探索了制造业农民工心理资本的构成及心理资本开发方式，认为企业培训能开发员工心理资本，员工自身亦可通过不断尝试、观察和学习、构建良好的人际关系等方式增强心理资本[110]。

徐建役等（2012）利用来自浙江省农民工的调查数据，采用联立方程计量方法，实证考察了人力资本、心理资本与农民工工资收入之间的相互关系。结果表明，人力资本不仅对农民工的收入获得具有直接效应，而且可以通过影响农民工的心理资本对其工资水平产生间接效应[111]。类似地，林竹（2011）认为，人力资本、社会资本与心理资本在农民工就业中起到协同作用；通过提高农民工心理资本，可以改善农民工的就业质量，并最终影响其收入[112]。综上，本书提出如下假设：

假设 3-1：企业培训正向影响农民工的心理资本。

假设 3-2：农民工心理资本正向影响农民工收入。

假设 3-3：心理资本部分中介企业培训对农民工收入的影响。

假设 3-4：人力资本对心理资本有正向影响关系。

假设 3-5：心理资本部分中介人力资本对农民工收入的影响。

而且，如果上述假设都成立，那么有：

假设 4：人力资本部分中介企业培训对心理资本的影响。

用图 6-1 展示本书的理论假设模型如下：

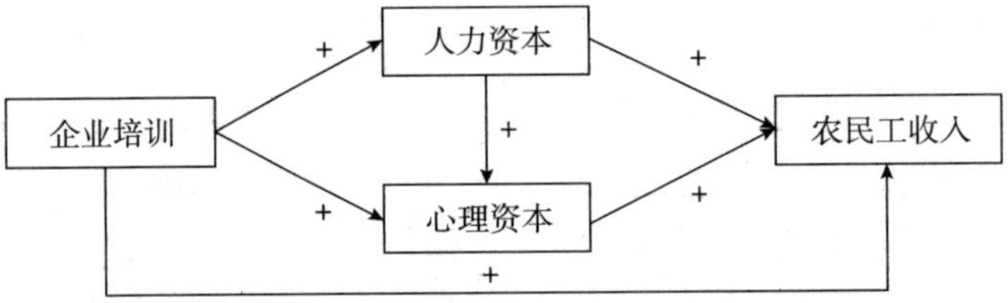

图 6-1　企业培训影响农民工收入的假设模型

二、研究设计与方法

（一）数据来源

当前，制造业企业依然是我国农民工就业比较集中的领域。从 2008 年金融危机开始，大批劳动密集型制造业向中西部地区转移，与此同时，中部地区也在加快产业结构调整，许多中高端制造业不断落户以武汉、长沙等中部城市为代表的中西部地区。因此，本书选择中部地区制造业企业进行样本采集，具有一定的合理性。

研究者依托武汉科技大学恒大管理学院在读 MBA 学员的关系，分别在武汉、长沙、郑州三个地方选择了五家制造业企业（涉及电子元器件、汽车零部件、机械设备等领域）。在上述企业就业的一线员工中，农民工占据了较大的比例。他们虽然拥有正式的企业工作，有的甚至在城市里工作多年，但依然没有获得城市户口，且大多数人居住在企业提供的集体宿舍。问卷发放原则上按照每家企业发放 70 份问卷的标准，计划共发放问卷 350 份。

为了提高问卷的有效回收率，研究者现场参与并监督了五家企业的问卷发放与回收过程。在每家企业发放问卷之前，首先，通过企业的人力资源部门了解农民工在不同工作部门的分布状况，尽可能选择农民工相对集中的部门；其次，为了让样本包含尽可能多的工种，限定企业每个部门的问卷发放数量在10份左右，平均每家企业调查6~7个部门；最后，为了提高问卷数据的信度，研究者与企业人力资源部门达成一致意见，在发放问卷时，告知被调查者相关调查结果将用于改善公司的人力资源管理工作，并要求部门主管予以配合①。五家企业总共发放350份问卷，回收336份，总回收率为96%。在剔除无效问卷之后，剩余238份，问卷有效率为70.8%。无效问卷认定的原则是：有一半以上的题项没有作答，数据缺失严重；个人"基本信息"中选择"非农户口"；随意勾选（即所勾选的答案呈现单一性，或前后题项的答案明显不符合逻辑）。有效样本的基本信息统计如表6-1所示。

表6-1　样本基本信息统计

单位：%

基本信息	分布情况（占比）			
性别	男性（41.2）	女性（58.8）		
年龄	20岁以下（19.2）	20~29岁（73.1）	30~39岁（6.2）	40岁及以上（1.5）
学历	小学及以下（1.0）	初中（18.3）	高中/中专（73.5）	大专及以上（7.2）
职位	操作工（79.3）	技术工（9.1）	办事员/专员（3.4）	管理人员（8.2）

从表6-1中可以看出，在制造业打工的农民工以女性居多，年龄在29岁及以下的比例高达92.3%，新生代农民工已经成为制造业农民工的主力军，成为新时期的新型产业工人；在学历构成上，小学及以下的人数极少，而高中/中专层次占比达到73.5%，说明当前我国农民工的文化水平比老一代农民工有了长足进步；在职位一栏，操作工占据主要地位，办事

① 研究者与企业方达成的意见是：相关研究成果将无偿提供给企业方，作为其提高管理水平的参考资料。

员/专员比例反而低于管理人员，这可能是由于问卷填写者没有弄明白“办事员/专员”的含义——它多指承担例行性、辅助性工作的人员，其概念容易与行政管理人员相混淆，导致部分办事员认为自己承担了管理人员的职责。

（二）测量工具

1. 企业培训

企业培训是指农民工进入企业之后，由企业方组织的职业技能、工作能力培训，这些培训一般具有很强的岗位针对性，而且多以在职培训为主，也有可能是以外包的形式进行集中培训，极少部分素质高、具有发展潜力的农民工还会被选派到企业外部进行脱产学习。对企业培训的测量，本书借用 Lapierre 等（2016）的培训效用量表（Training Utility Scale），该量表的信度达到 0.9[113]。该量表包含七个题项，但是由于该量表的开发是基于军队新招募成员的培训效果评估，因此本书对其进行适当修改，并删除了与军队相关联的题项，剩下五个题项。最终量表所涉及的题目包括“在这次培训中学到的知识与技能与我的工作十分相关”、“这次培训的内容将有利于我提高工作绩效”、“参加这次培训将对我今后的工作有帮助”、“这次培训很有实践价值”、“我在这次培训中学到了很多”，采用从 1 到 5 的李克特量表（Likert Scale）测量，“1”表示“非常不同意”，“5”表示“非常同意”。

2. 人力资本

人力资本是指依附于人体的体力劳动和脑力劳动价值总和。本书借用 Subramaniam 和 Youndt（2005）的智力资本量表，该量表的第一个维度（第 1~5 题）测量的是员工的人力资本（信度为 0.72）[114]。由于该量表的评价者是公司管理人员，不适合员工自评，因此本书从更换评价者的角度对其进行适当修改和删减，得到如下三个题目——“我的岗位技术熟练”、“我的技术能力得到大家的广泛认可”、“我在工作中富有创新力”，采用从 1 到 5 的李克特量表，“1”表示“非常不同意”，“5”表示“非常同意”。

3. 心理资本

与许多有关心理资本书的文献一样，本书也采用了 Luthans 等（2007）

所开发的心理资本测量问卷，该问卷在实证研究中已被反复证明具有很高的信度和效度。该问卷一共 24 道题，其中 1～6 题测量“自我效能”，7～12题测量“希望”，13～18 题测量“韧性”，19～24 题测量“乐观”[115]。由于本书不考察不同心理资本维度对农民工收入的影响，而是把心理资本作为一个整体变量来研究，因此本书在设计问卷时，对该量表进行了适当的删减和修改，在四个维度都涉及的情况下，最终得到九道题目，如“我相信自己对所在组织（或部门）的发展有较大贡献”、“我能与上级、同事就工作问题进行良好的沟通”等，依然采用从 1 到 5 的李克特量表，“1”表示“非常不同意”，“5”表示“非常同意”。在该量表中，我们设计了两道反向计分题（见附录调查问卷二的第 13、第 16 题）。

4. 农民工收入

本书借鉴 Tang 等（2006）开发的收入水平满意度量表来测量农民工收入。该量表的内部一致性系数为 0.9[116]。该量表一共四道题目，采用从 1 到 5 的李克特量表进行测量，“1”表示“非常不满意”，“5”表示“非常满意”，涉及的题目包括“除税后所得的实际工资”、“当前的工资”、“整体的工资水平”、“当前的工资金额”。本书取其前三道题目设计为农民工收入满意度量表。

需要特别说明的是，虽然本书最后形成的问卷都源自成熟量表，但是为了使之适合用于调研农民工参与企业培训和收入情况，我们基本上对原量表都有一定的修改。为了提高问卷的效度，研究者在设计问卷过程中，反复征求了多位相关领域专家的意见；而且，在正式发放问卷之前，在目标企业小范围内进行了预调研，以保证题项词语准确且能有效测量目标内容。详细调查问卷见附录“调查问卷二：企业员工培训与收入满意度调查”。

（三）信效度分析

对“企业培训”、“人力资本”、“心理资本”、“农民工收入”四个分量表进行信度分析和探索性因子分析，得到各分量表的信度系数、KMO 指数，汇总在表 6-2 中。

表 6-2 各分量表信度与效度

分量表	α 系数	KMO 值
企业培训量表	0.727	0.684
人力资本量表	0.715	0.698
心理资本量表	0.872	0.816
农民工收入量表	0.746	0.703

一般认为，α 系数小于 0.7 时，问卷的内部一致性较差；因子分析的 KMO 值达到 0.7 是中等水平，小于 0.6 则不太适合做因子分析，小于 0.5 就完全不适合。因此，综合来看，本问卷的信度和效度可以得到保证。

三、研究结果与讨论

（一）简单相关分析

通过分量表的因子分析，分别将四个因子的得分另存为新的变量，即企业培训、人力资本、心理资本和农民工收入，然后对这四个变量进行简单相关分析（见表 6-3）。

表 6-3 变量相关系数（样本数 N=238）

	企业培训	人力资本	心理资本	农民工收入
企业培训	1			
人力资本	0.358**	1		
心理资本	0.348**	0.542**	1	
农民工收入	0.324**	0.453**	0.358**	1

注：** 表示在 0.01 的水平（双侧）上显著相关。

四个因子的两两相关系数都十分显著，且都是正相关，这初步表明图

6-1 所提出的理论假设模型是合理的。其中，人力资本和心理资本的相关系数达到了 0.542，这是一个较大的数值，表明两者之间很可能存在很强的因果关系。

（二）结构方程模型分析

为了研究企业培训、人力资本、心理资本和农民工收入四个因子之间的复杂关系，探索企业培训影响农民工收入的内在机理，还必须使用结构方程模型把所有因子变量都纳入进行整体分析。借助 AMOS21.0 软件，可以很便利地进行模型画图和路径系数分析（见图 6-2）。

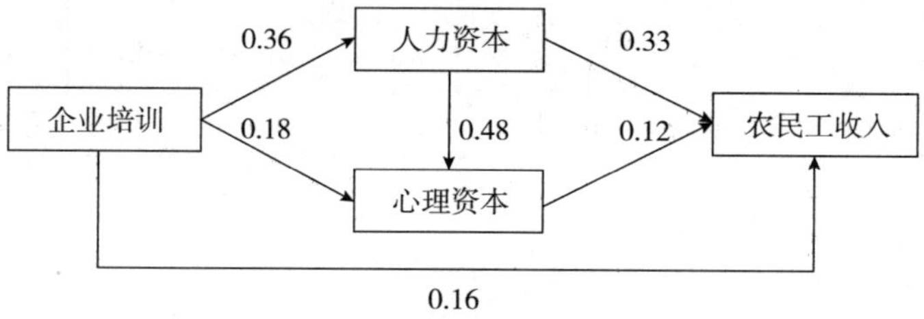

图 6-2　企业培训对农民工收入影响的路径系数

图 6-2 的路径系数都已经标准化，系数的标准误和显著性水平如表 6-4 所示。同时，将各变量对农民工收入的总影响效应汇总在表 6-5 中，模型的拟合指标反映在表 6-6 中。

表 6-4　路径系数的标准误、显著性水平

影响关系	Estimate	S. E.	C. R.	p
人力资本←企业培训	0. 358	0. 061	5. 906	***
心理资本←企业培训	0. 177	0. 057	3. 084	0. 002
心理资本←人力资本	0. 479	0. 057	8. 346	***
农民工收入←企业培训	0. 163	0. 062	2. 650	0. 008
农民工收入←人力资本	0. 327	0. 069	4. 760	***
农民工收入←心理资本	0. 124	0. 068	1. 808	0. 071

注：*** 表示 p 值小于 0. 001。

表 6-5　总影响效应

	企业培训	人力资本	心理资本
人力资本	0.358	0.000	0.000
心理资本	0.348	0.479	0.000
农民工收入	0.324	0.386	0.124

表 6-6　模型拟合指标

拟合指标	χ^2/df	GFI	AGFI	NFI	IFI	CFI	RMR	RMSEA	p
建议值	<5	>0.9	>0.9	>0.9	>0.9	>0.9	<0.05	<0.08	>0.05
实际值	1.78	0.97	0.93	0.96	0.98	0.98	0.049	0.057	0.33

仔细分析上述表格中的数据，可以得到如下结论：

（1）企业培训对农民工收入的直接影响为正，假设 1 成立；但是系数只有 0.16，即这种直接效应偏小①。

（2）企业培训对人力资本、人力资本对农民工收入都有显著积极影响，且系数较大，分别达到 0.36 和 0.33，这说明人力资本的确在企业培训与农民工收入之间发挥部分中介作用，假设 2-1、假设 2-2 和假设 2-3 成立。

（3）企业培训对心理资本、心理资本对农民工收入都有显著积极影响，但是系数较小，分别为 0.18 和 0.12；而且心理资本影响农民工收入的显著性较低，p 值为 0.071，也就是说如果将显著性水平限定在 0.05，则心理资本影响农民工收入的假设将不成立。因此，假设 3-1 成立，假设 3-2 和假设 3-3 必须降低显著性水平到 0.1 才能成立。

（4）人力资本对心理资本有显著积极影响，且系数较大，接近 0.5（达到 0.48），这表明人力资本对心理资本的形成有很强的作用，假设 3-4 成立。但是由于心理资本影响农民工收入的显著性水平偏低，所以假设

① 一般认为，标准化系数绝对值在 0.1 左右为弱效应，0.3 左右为中等效应，大于 0.5 为强效应。

3-5 的成立具有一定前提局限性。

（5）因为企业培训不但显著直接影响心理资本，而且还通过人力资本影响心理资本，所以假设 4 成立。

（6）企业培训、人力资本和心理资本影响农民工收入的总效应分别为 0.324、0.386 和 0.124。这说明，企业培训影响农民工收入的间接效应（0.324-0.16=0.164）反而稍稍大于其直接效应，因此企业培训影响农民工收入的"黑箱"中，人力资本和心理资本的确扮演了十分重要的角色。与此同时，由于心理资本影响农民工收入的系数较小，而且显著性水平较低，因此在企业培训影响农民工收入的间接效应中，绝大部分是通过人力资本来实现的，心理资本发挥的作用并不像理论假设中认为的那么大。这里将两部分间接效应详细计算如下①：

通过人力资本实现的间接效应=0.36×0.33+0.36×0.48×0.124=0.14

通过心理资本实现的间接效应=0.18×0.124=0.022

根据数据分析结果，将本书理论假设的验证情况总结如下（见表 6-7）：

表 6-7　理论假设验证情况

理论假设		是否支持
假设 1	企业培训对农民工的收入有正向影响关系	支持
假设 2-1	企业培训正向影响农民工的人力资本	支持
假设 2-2	农民工人力资本正向影响农民工收入	支持
假设 2-3	人力资本部分中介企业培训对农民工收入的影响	支持
假设 3-1	企业培训正向影响农民工的心理资本	支持
假设 3-2	农民工心理资本正向影响农民工收入	部分支持
假设 3-3	心理资本部分中介企业培训对农民工收入的影响	部分支持
假设 3-4	人力资本对心理资本有正向影响关系	支持
假设 3-5	心理资本部分中介人力资本对农民工收入的影响	部分支持
假设 4	人力资本部分中介企业培训对心理资本的影响	支持

① 因为四舍五入，企业培训影响农民工收入的两部分间接效应之和与总效应减直接效应的差之间存在细微出入。

（三）结论与讨论

1. 研究结论

本章研究了企业培训影响农民工收入的内在机理，实证检验表明：企业培训对农民工收入有一定直接影响效应，但它主要还是通过人力资本和心理资本的中介作用来影响收入水平；而且，在这个中间作用机制中，人力资本发挥的作用要远大于心理资本。尽管如此，心理资本的作用也不可以完全忽略，特别是在传导机制中，人力资本对心理资本有很强的影响关系，导致企业培训对心理资本的影响有接近一半是通过人力资本来实现的。

2. 讨论与建议

第五章的研究结论认为，政府培训、市场培训、拜师学艺等培训模式对农民工的收入影响不显著，“干中学”这种方式虽然对农民工收入有影响，但是其发挥作用需要较长的时间周期，所以从追求政策效应的角度看，上述培训模式都不应该是政府部门着力的重点。基于这种考虑，本章仅考察了企业培训影响农民工收入的内在机制。

（1）企业培训的积极影响启示政府要加大力度推动企业参与农民工培训。企业培训对人力资本、心理资本和农民工收入的影响总效应都超过了0.3，这充分说明企业培训的优势所在。人力资本可以有效提高农民工的工作效率，增加劳动回报。心理资本则可以提振农民工的工作信心，提高其受挫能力，对增添其工作与生活希望都大有好处。由此可见，政府部门应该合理利用农民工培训资源和经费，转变传统的以政府为主导的农民工培训模式，通过政策改革和扶持，建立合理的激励机制，引导广大的用工企业积极参与农民工培训。比如，可以利用财政资金支持企业培训，或建立企业培训基金，交由第三方机构来管理，以避免培训资金被企业私吞。

（2）在企业培训和农民工收入之间的传导过程中，人力资本发挥了十分重要的中介作用。企业培训促进农民工人力资本的积累，人力资本的提升直接影响收入的提高，这是人力资本发挥的第一个重要中介作用；同时，人力资本的积累又对农民工树立信心、增强心理资本大有帮助，这是人力资本发挥的第二个重要中介作用。这说明，无论什么模式的培训，提高农民工人力资本是最核心、最重要的。企业培训之所以能有效提高农民工的人力资本，与其培训方式、培训内容和培训激励机制是分不开的。一般情况下，有机会获得企业培训的农民工一般都会在培训结束后获得企业的加薪机会，有的甚至还可以晋升职位。因此，参与企业培训的农民工，学习效率高，能力提升快，所学到的知识与技能也能第一时间应用于工作中。

（3）关于心理资本影响农民工收入路径系数偏低以及显著性不高的解释。心理资本是一种主观心理感受，它毕竟不是真真切切的劳动技能和工作效率。一个人即使自我效能再强，再怎么对未来充满希望、百折不挠，他实现工作目标也不是一朝一夕的事情。因此，可以认为心理资本的提升，在短期内对农民工收入的影响可能不大；但是从长远来看，它对提高农民工收入所能发挥的积极作用可能并不比人力资本的作用差。当然，这种观点只是一种合理的推论和假设，有待今后进一步检验。

3. 研究局限

首先，理论模型中的因果关系，是基于文献研究提出的假设；由于本书采用的是横截面数据，所以并不能充分证明企业培训、人力资本、心理资本、农民工收入之间存在的因果关系。因此，在今后的研究中，还是应该进行多个时间节点的纵向研究。

其次，本书所采用的问卷虽然主要借鉴成熟量表，但是为了使之适合于对农民工群体的实施调查，不得不对原有量表进行了较大幅度的修改，结果导致各分量表的信度与效度有所欠缺，这也在一定程度上损害了本书结论的可靠性和外部效度。

再次，本书为了数据采集的方便，仅从中部地区的武汉、长沙、郑州的五家企业进行了调研，问卷对象为企业农民工群体，且有效样本数量有限。虽然上述做法有一定的合理性（已经在前文进行阐述），但这种抽样方法在某种程度上会降低数据质量，农民工自我汇报式的问卷也存在同源误差的隐患。

最后，本书仅探索了企业培训影响农民工收入的内在机制。事实上，政府培训、市场培训等模式对农民工收入的影响或多或少存在，这些影响显著与否，与实证研究的样本有很大的关联。因此，今后可以在数据充足的前提下，进一步考察其他培训模式影响农民工收入的内在机制。

第七章　企业培训新模式：现代学徒制

通过前面几章的论述，可以得到较为一致的结论：我国农民工培训今后应该以企业培训为主要模式，因为企业培训相对于其他模式更有利于提高农民工收入。然而，现实中的企业往往不愿意在基层员工培训，特别是农民工技能培训方面投入太多。农民工文化程度低、流动性强都成为企业忽略农民工培训的理由。所以，即便政府反复要求企业积极承担起农民工培训的责任，但也仅仅是呼吁而已，没有实质性的措施推动相关工作。与上述现象相反的是，在以德国为代表的西方发达国家，很多企业都积极参与基层操作工人的技能培训，支撑这些国家有效推动企业参与职业技能培训的制度叫现代学徒制。基于此，本章将对这种企业培训的新模式进行阐述和分析，包括现代学徒制的历史渊源与发展、基本架构、特点和运行动力机制等；同时，对我国刚刚起步的企业新型学徒制进行介绍，指出其相对于西方现代学徒制存在的不足。

一、现代学徒制的形成与发展

学徒制是一种强调情境性学习的传授活动，可以称为最早的职业教育形式。就传统学徒制而言，中西方在形式上基本相似，其核心学习原理是学徒首先在真实的工作场所中观察师傅的实际操作，在此过程中感知和捕捉知识与技艺，逐渐领会操作要领，然后在师傅的指导下进行练习，最终学会并掌握师傅所传技能。中国传统学徒制在发展到近代之后，逐渐衰败；中华人民共和国成立之后，传统学徒制在民间有所保留，工厂车间则出现了师傅带徒弟这种非严格意义上的学徒制形式。与之相反，西方学徒制在经历了近代职业教育向职业学校迁移的冲击之后，于20世纪中叶又焕发了新生，出现理论学习与实践教育相结合的现代学徒制。

由于现代学徒制诞生并发展于西方发达国家，我国传统学徒制在中华人民共和国成立之后，并没有实质性变化与发展，所以本书所指的现代学徒制，实际上就是西方国家学徒制发展的现代形式。

西方学徒制的发展历史可以划分为前学徒制、手工业行会学徒制、国家干预行会学徒制、集体商议的工业学徒制以及现代学徒制五个阶段，各个阶段的学徒制特点如表7-1所示（关晶，2010）[117]。

与之相对比，我国传统学徒制的发展阶段则可以划分为四个阶段：原始社会的萌芽、奴隶社会的走出家庭、封建社会的规范管理、封建社会末期的行会附属。而且在明清时代，由于社会经济转型和发展，以及资本主义萌芽对传统学徒教育产生的冲击，学徒制的弊端日益显露，如教育效率不高、现场学习的限制、师徒关系微妙的变化，使学徒制呈现衰落趋势，并且逐渐沦为行会的附庸（刘建新和于珍，2016）[118]。但是在西方国家现代学徒制发展的历史过程中，文艺复兴以及工业革命让传统学徒制不断变革，适应工业产业的发展需要；尽管这种变革是被动的，而且让传统学徒制的地位不断下降，但它至少让学徒制得以保留下来，而且实施范围广泛。

西方学徒制发展到国家干预的行会学徒制阶段，由于机器工业的起步，生产方式开始从家庭作坊向以手工劳动和分工协作为基础的手工工场生产发展。手工工场可以分为分散与集中两种形式：分散的手工工场由商人将原材料提供给众多的小手工业者进行加工、分散生产，手工业者仍然拥有生产工具，保持着形式上的经济独立地位；集中的手工工场则是由商人将劳动者集中在大型作坊中，进行简单的分工生产。简单分工生产让师徒间原本亲密的私人关系转化成有利益冲突的雇佣关系，学徒开始被当成廉价劳动力；与此同时，学徒制的教学过程和教学功能被弱化了，这使学徒观察师傅和得到指导的机会减少。

表 7-1　西方不同阶段的学徒制比较

比较维度 \ 阶段		前学徒制（11 世纪前）	手工业行会学徒制（11~15 世纪）	国家干预的行会学徒制（16~18 世纪）	集体商议的工业学徒制（19~20 世纪）	现代学徒制（20 世纪中期至今）
社会背景	技术水平	低手工技术	手工技术	手工技术为主，机器工业起步	机器工业为主	现代科技生产
	劳动组织	家庭作坊	家庭作坊	家庭作坊、手工业工场	手工业工场、工业工厂	自动化、精益生产
学徒组织管理	覆盖领域	传统手工业	传统手工业、商业	传统手工业、商业、重工业	传统手工业、商业、工业	传统手工业、商业、工业、服务业
	学徒合同	私人合同，不成文习惯	行会约束的契约	国家法令规范的契约	非正式口头或书面合同为主	国家法律保护的正式合同
	参与者	师傅、学徒	行会、师傅、学徒	国家、行会、师傅、学徒	行会、工会、雇主、师傅、学徒	国家、行业委员会、工会、雇主、学校、第三方培训或服务中介机构、师傅/教师、学徒
	师徒关系	（养）父子	带有明显私人性的契约关系	带有雇佣色彩的契约关系	工作伙伴与竞争者关系	教学契约上的师生关系

续表

比较维度＼阶段		前学徒制（11世纪前）	手工业行会学徒制（11~15世纪）	国家干预的行会学徒制（16~18世纪）	集体商议的工业学徒制（19~20世纪）	现代学徒制（20世纪中期至今）
学徒教学实施	师徒人数比	一个师傅多个学徒	一个师傅2~3名学徒，可聘请工匠助教	一个师傅2~3名学徒，可聘请工匠助教	一个师傅多名学徒，多名熟练工助教	多名师傅共同带多名学徒
	师傅资格	社会认可的手艺人	行会认可的师傅	行会认可的师傅	无明确资质要求的领班/熟练工	有明确要求的企业熟练工和学校教师
	学徒资格	一般13岁至成人	城市自由民子弟，14~21岁	城市自由民子弟，14~21岁	14~21岁	有一定学历基础，年龄逐渐放宽
	满徒时间	不固定	5~7年	5~7年	5~7年	根据计划完成情况，一般3年
	满徒依据	—	学徒期满，考核合格	学徒期满，考核合格	学徒期满	考试合格，获得职业资格
	教学地点	工作场所	工作场所	工作场所	工作场所	工作场所与学校
	教学方法	做中学	做中学	做中学	做中学	实践学习+理论学习

注：根据关晶2010年博士学位论文《西方学徒制研究——兼论对我国职业教育的借鉴》第42-43页表格“不同时期学徒制的比较”进行修改而得。

西方学徒制进入集体商议的工业学徒制阶段之后，随着工业革命的加速，工业工厂大面积取代手工工场，机器替代劳动力以及流水线作业方式让传统学徒制几乎难以生存。雇主倾向于将学徒当作廉价劳动力，却并不传授他们技能，或者宁愿招收价格更加低廉且可以随时解雇的妇女和童工从事简单生产。也就是说，在资本主义生产关系下，负责技能传授的“师傅”实际上已经不存在。与此同时，新的职业教育理论与实践发展促使学校形式的职业教育成为潮流。特别是“俄罗斯制”（Russian System）的产生，该教育模式放弃了原来学徒制中全程式的工艺教学，将整个生产工艺分解为一个个相对独立的工序，然后对这些工序一一进行教学。这种教学不再像学徒制那样必须进行个别指导，而是可以同时对大量的学生进行讲解、示范和训练，从而大大提高了教学效率。于是，在这个阶段，虽然传统学徒制的管理形式还在，但必须放弃许多原先坚持的原则才能得到继续生存，比如师傅不再花费太多精力用于向学徒传授技艺，学徒成为师傅的工作伙伴或竞争者，对师傅的担任资格也开始没有明确要求，只要是相应岗位的熟练工就可以带徒弟，这与当前我国企业里面存在的师徒关系或“以老带新”的导师制情况比较相似。

“二战”之后的德国，以制造业为首的经济发展令世界瞩目，德国企业拥有大量高水平的技术工人，他们为高质量德国制造打下深深的烙印。人们都将这归功于德国19世纪末就开始努力构建的双元制职业教育模式。在19世纪的后几十年里，德国经历了严重的经济萧条时期。为应对社会危机，德国政府开始普及进修学校义务教育，用法规形式规定学徒必须在进修学校接受义务教育，这使低阶层青年可以顺利融入资本主义经济社会发展中。这种进修学校后来慢慢向职业学校转型，以适应工业生产对技术工人的需要，到20世纪初时，企业培训与学校职业教育相辅相成的双元制就已基本成型。

德国双元制职业教育可以看作现代学徒制的鼻祖和典范。正是因为有了德国的成功经历，从20世纪六七十年代开始，现代学徒制在英国、法国、西班牙、卢森堡、澳大利亚、美国等发达国家逐渐得到重视，各国不断出台法律法规与政策，推动现代学徒制的体系日趋完善。现代学徒制能够很好地适应现代科技生产体系，为自动化与精益生产的制造业培养高水平工人；同时，学徒招收范围不断扩展、职业覆盖范围的扩大以及招收学徒年龄限制的取消，让现代学徒制成为社会终身职业教育的重要选择。西方学徒制发展到这个阶段，其国家法律与制度更加完善，包括政府、行业委员会、工会、雇主、学校、第三方培训或服务中介机构、师傅/教师、学徒等参与主体的权利义务得以全面规范，体制机制日趋成熟。

二、现代学徒制的运行架构

现代学徒制发展到今天，在西方国家已经相对成熟，因此本书根据西方实践给出现代学徒制的一个定义：现代学徒制是以企业发展对技能人才的需要为导向，融合传统师徒技能传承的实践性和现代职业教育知识传播的认知性，使大规模培养现代产业发展所需要的技能员工成为可能的一种现代化职业教育形式①。目前，现代学徒制越来越受到西方发达国家的重视，其覆盖的工种和职业也渐渐从第二产业向第三产业拓展，使现代学徒制成为现代职业技术教育的重要组成部分。

（一）运行架构

现代学徒制在西方各国的具体实践形式并不完全相同，但基本架构趋于一致，即通过学校与企业的深度合作、教师与师傅的联合传授，对学员进行技能培养。它能充分利用社会职业教育资源，并有效缓解劳动力市场上的供给与需求矛盾。至于如何实现这样的培养机制，则需要政府部门的扶持和指导、行业协会等相关部门的参与。图 7-1 展示了西方国家现代学徒制的基本架构，从中可以看到，行业协会、工会等中介服务机构扮演了极其重要的角色，包括学徒培养标准与计划的制定、学徒培养过程的企业与学校监督、学徒期满资格考核与鉴定，都少不了这些中介服务机构的责

① 我国职业教育领域也强调理论与实践教学相结合，积极推广“校企合作、工学结合”的教学形式，但是一直以来无法建立完整的职业教育体系；换言之，在国家层面没有相应的顶层设计，“工学结合”依然停留在经验总结与互相借鉴阶段，没有在全国形成统一的教学体系与规范。

献。另外，关于政府的角色，不同国家是有区别的，即政府在企业扶持方面的力度存在差异，有的国家在学徒培养费用上直接对企业进行大力度的财政补贴，有的国家则只是给予一定的政策引导和扶持，具体内容还会在后面的“费用投入机制”中阐述。

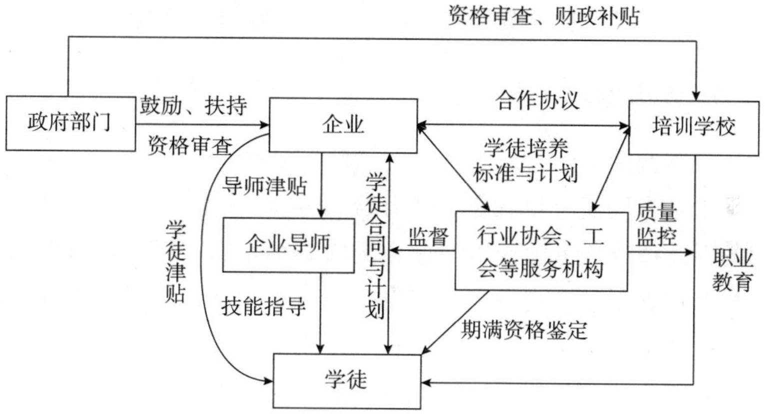

图 7-1　西方国家现代学徒制的运行架构

（二）参与主体资格

（1）学徒资格。学徒参加现代学徒制的入门资格一般不高，只要完成义务教育获得相关毕业证书即可参加，与我国职业院校招收的年龄层相似，主要集中于 14~16 岁初级中学毕业生和 17~19 岁高级中学毕业生。法国学徒制的年龄上限为 25 岁，英国和澳大利亚则不设年龄上限。另外，由于学徒制也分不同等级，因此如果要参加更高级别的学徒制，必须获得相应条件的学历或完成上一阶段的学徒制教育。

（2）企业资格。企业对于是否开展学徒制通常有自主决定权，但是政府管理部门一般会对企业资质提出一定条件，而且必须经过一定的资格审查程序方可获得批准。资格审查的主要内容包括硬件设施、企业导师资源、是否有学徒培训的一般计划等。大型企业由于实力雄厚、熟练技术员工多、设备齐全，因此政府部门往往积极倡导大型企业开展学徒制培训。

（3）学校资格。政府管理部门还会对实施学徒制理论教学的职业学校或培训机构的资格进行规定和审核，以确保学徒在学校理论学习的质量。此外，培训学校不能像企业那样通过留下优秀的学徒为企业创造利润并获取培训回报，只能通过收取学费的形式维持运转，所以政府部门会对培训学校进行财政补贴。因为涉及大量政府经费能否被培训学校合理使用的问题，政府会对培训学校的资格进行较为严格的审查和监督。

（三）费用投入机制

学徒培养费用的投入来源，主要为政府和企业两个部门，学徒本人一般不用交学费，反而可以在学徒工作期间得到一定的学徒津贴①。德国政府部门的财政拨款仅占学徒培训总经费的24%左右，而且这项费用几乎全部用于补贴培训学校，剩余经费都由企业承担。换言之，学徒在德国企业培训中发生的培训费用（如设备、材料使用成本、企业导师津贴）和学徒津贴都由企业承担。英国政府部门对学徒培训费用（含企业培训费用和学校培养费用）的投入根据年龄层来划分，政府为16~18岁的学徒支付全部培训费用，为19~24岁的学徒支付50%的培训费用，对25岁以上的成人则原则上不提供培训经费，但可以通过特殊项目申请补助；当然，学徒津贴依然由企业支付[117]。

因为实施学徒制培训具有社会外部性，为了保证学徒制培训政策的公平性，部分国家对相应的企业实施奖惩制度：一是对参与学徒制培训的企业予以奖励或补贴，比如德国政府部门对一些中小企业的学徒制培训项目实施补贴，以鼓励中小企业的参与；此外，对于招收失业青年和残疾人员作为学徒的企业，政府部门也会给予奖励。二是对不参与学徒制培训的企业征税，典型的国家是法国、丹麦、爱尔兰。三是对参与学徒制培训的企业实施税费减免，如荷兰。

① 学徒津贴的数额较低，如澳大利亚学徒津贴为联邦最低工资的47%~100%，德国学徒第一年的津贴通常为同岗位正常工资的20%~40%，瑞士学徒的津贴还不足正常工资的20%，英国学徒的津贴较高，可达到正常工资的40%~70%。

（四）人才培养制度

人才培养制度方面，主要包括培训标准与课程计划开发、工学交替制度、企业导师资格以及学徒期满资格认定。学徒培养标准与课程计划的开发如果完全由企业来制定，则企业倾向于培养学徒获得更多与企业自身相匹配的专用性技能，这显然不利于学徒在劳动力市场的流动，不利于产业的整体发展。所以相关标准与计划的制定，往往由行业协会等中介服务机构牵头，结合企业、学校、工人代表甚至政府部门的意见，通过反复协商与沟通来制定。在工学交替制度方面，各国大体相似，比如在德国双元制中，学徒通常由雇主招募，企业与学徒签订学徒合同的同时，还需要与培训学校签订共同培养协议，安排好工学交替的教学与实践时间衔接。通常情况下，学徒在企业的培训时间与在学校的学习时间比约为7：3，学校与企业之间的培养计划与进度必须相互匹配。在学徒培养期内，学徒还要经过中期和结业考试或鉴定，由专家组成的考试委员会统一主持，包括笔试和实际操作等。通过相关考试或鉴定的学徒可获得由行业协会颁发的全国认可的职业资格证书。

三、现代学徒制的主要特点

总结现代学徒制的基本架构与运行过程，可以得到以下几个主要特点：

1. 特定的培训对象

尽管学徒候选人的范围在不断拓展，但现代学徒制培训的主要对象依然是那些16~25岁、具备初高中文化知识基础的青年。这些年轻人大多没有接受过高等教育，有的已经就业，有的处于失业状态，也有人根本没有做好进入劳动力市场的准备（属于非劳动力范畴）。这些人急需在就业技能方面接受指导和培训，从而顺利实现身份转换，融入社会。

2. 统一的管理机构

现代学徒制在西方国家是一项全国范围内的职业教育和人力资源开发

活动，其地位不逊于传统学历教育，因此从中央部门到地方建立统一的管理或服务机构就是顺理成章的事。在已有的教育管理部门中设置专门负责学徒制培训的机构是比较常见的做法，如英国成立的“学习与技能委员会”、法国设在行政大区的学徒制监管处。这些专门的管理机构在国家教育部门（或类似地位的部门）宏观指导下开展具体工作，包括学徒制培训宣传、审查培训机构并与之签订合同、监督培训实施情况、划拨财政经费、制定学费标准等。

3. 专业的指导组织

提供学徒制培训的参与方众多，除了职业学校、营利性培训公司（包含那些不提供培训服务，但能帮助联系培训学校或企业的中介机构）之外，还有为数众多且规模不一、行业多样的企业。到底提供什么样的培训项目才能满足市场需要？培训项目的课程设计和实施标准又该如何？这些都必须事先明确，且根据产业发展和雇主的需求定期进行调整。西方国家借助行业协会的力量，分行业组建专业性的学徒培训标准组织，来制定培训框架和标准化培训内容。

4. 竞争的培训主体

实施学徒制最大的困难莫过于企业方的积极性不足，这在全世界都存在。虽然学徒制可以为企业招聘和留住技能型人才降低成本，而且多数国家会为企业的培训活动给予一定补偿，但这并不能完全缓解企业的担忧，因为参与学徒制项目就意味着存在收益无法弥补成本的风险[119]。西方国家为了促进学徒制培训的推广，采取的做法是通过在职业学校和营利性培训公司之间形成竞争，激发它们的主动性，再通过它们（特别是营利性培训公司）来带动企业的积极性。在财政经费、绩效考评和资格审查的多重动力与压力下，职业学校和培训公司不但努力扩大招生（甚至把一些已经就业的人也说服参加更高层次的学徒培训），还积极向企业推荐学徒，并把已经获得职业资格证书或核心技能的学徒介绍给急需技能人才的企业。

5. 灵活的培训学制

学徒制培训的完成期限并不固定，通常为1~4年，并根据学徒是否已达到受训职业的能力要求来调整期限。在此期间，学徒大约有1/3的时间在学校或培训机构学习相关理论知识。西方国家还积极尝试学徒制培训的模块化改革，即把所有学习项目分解为可以互认的学习单元，这为学徒转换学习项目或更换学习场所提供了便利。另外，学徒制本身也有高低层次划分，如英国的前学徒制、学徒制、高级学徒制、高等学徒制，这为学徒不断追求技能提升提供了成长空间。

四、现代学徒制的动力机制

随着现代学徒制的不断发展，学徒制培训项目的参与者角色日益复杂，从早期的师徒私人关系逐渐演变成由政府、行会、雇主与雇员组成的多元利益相关者关系体系，形成了一个多元参与、内外联结、分工合作、多元监督的运作体制[120]。专用性人力资本的套牢理论启示我们：在劳动雇佣契约中，劳动者的专用性人力资本越多，则其越倾向于留在该企业，因为他在新企业将面临专用性人力资本沉没的可能；同时，对企业而言，它为更好地培养和利用劳动者的专用性人力资本，必定会在实物设备与人员配备方面进行一定的投入，如果拥有专用性人力资本的劳动者离开，企业也会面临较大的损失。

因此，可以得出一个基本的结论，即企业在员工的专用性人力资本方面投入越多，员工积累的专用性人力资本也越多，此时劳资双方的理性选择就是继续维持雇佣契约关系；维持雇佣关系，能实现员工与企业双赢的局面，反之则是双输。在现代学徒制职业教育体系中，根据对学徒专用性人力资本投资的多少，可以将现代学徒制的运行动力机制划分为内生动力型和外生激励型，前者以德国为代表，后者以英国为代表。无论是哪种类型的动力机制，都为学徒制培训的参与各方提供了合理的激励与约束机制。

（一）内生动力为主的德国现代学徒制

所谓内生动力，即企业投资于学徒制培训的意愿与决策源自企业内部需要，这样的需要促使其在没有太多政府补贴的情形下，依然愿意开展大量的学徒制培训。德国的企业并没有提供学徒制培训的法定义务，是否提供学徒制培训项目，完全遵循自愿原则。通常情况下，企业规模越大，其参与学徒制培训的意愿越强烈；反之，规模越小，企业参与培训的意愿越弱。为什么会有这样鲜明的差别呢？是因为大企业实力更强，更能承受培训的投入成本吗？

根据2003年联邦职业教育研究所、德国工业研究所以及就业研究所的调查报告《为什么培训是有回报的》，得到企业愿意提供学徒制的原因依次为：受训者能满足企业要求（94%），在劳动力市场上招聘不到技术员工（90%），防止人员变动（80%），可以挑选到最好的受训者（74%），避免错误的雇佣决定（73%），减少新员工违约的成本（58%），提高企业的声誉（57%），受训者可以成为有生产力的员工（42%），节约招聘成本（35%）[117]。尽管德国的法律规定提供学徒培训的企业只拥有优先聘用自己所培养学徒的权利，而不能强制留下优秀的学徒，但是实践中大部分学徒都选择了留在原企业就业。这才是德国企业愿意提供学徒培训项目的根本原因——大部分优秀的学徒都会留下来，为企业提供满足生产需求的熟练技术人才，既降低了招聘成本，还保证了高效率的生产活动得以持续。表7-2的数据展示了不同规模的德国企业参与学徒制培训的比例，以及培训结束后学徒留在原企业就业的比例。

表7-2　德国企业学徒制培训参与率与学徒保留率[121]

企业规模（员工人数）（人）	学徒期满的保留率（在培训企业内）（%）	未参与学徒培训的企业占比（%）
5~9	56	65
10~49	64	41
50~99	69	22
100~499	73	9
500~1000	82	0.5
>1000	87	0.4

从表 7-2 中可以看到，大企业的培训参与比例很高，几乎全部覆盖；小企业的参与率偏低，其学徒在期满后的保留率也偏低。因此，对大企业而言，其已经形成一种学徒制培训的良性循环，即越是参与培训，越能得到应有的人才回报。反观小企业，则存在培训投入得不到回报的风险①。所以，德国学徒制培训的运行机制主要依靠的是内生动力，是企业的主动行为。

关于德国学徒制培训的经费来源问题，由于企业可以从培训项目中获得相应的回报，因此发生在企业内部的培训费用基本上都由企业承担。学徒制培训运行过程中，还涉及专业学校和很多中介服务机构，这些组织参与学徒制培训发生的费用主要由政府来承担。一般而言，职业学校投入在学徒制项目上的硬件设施费用、教师工资和管理成本，由各州政府以及地方教育主管部门共同承担。各种中介服务机构的运行费用则来自于联邦政府、州政府、联邦劳动局等部门，行业协会也会向其提供一部分经费支持。

尽管德国的学徒制培训已经建立起了较为良好的内生动力机制，但是由于学徒期满后并不是完全留在原来的企业，造成企业培训投资依然存在较大的损失风险，特别是对小企业而言。因此，为了建立更公平、更合理的学徒制培训体系，2004 年 5 月德国政府通过了《保证培训岗位供应法案》，决定对企业规模 10 人以上且培训学徒人数占企业所有雇员比例低于 7%的企业征税，然后再将税款重新分配给开展学徒制培训的企业。

（二）外生激励为主的英国现代学徒制

所谓外生激励，即企业之所以愿意投资于学徒制培训是因为可以获得外部激励，如政府的大量财政补贴或者其他优惠措施。在这种情形下，政府部门必须用好财政补贴制度，才能有效激发企业培训学徒的动力。

图 7-2 展示的是英国学徒制培训经费划拨机制，培训学徒发生的费用，基本上都是政府通过学习与技能委员会划拨支付的。除了少部分大型

① 考虑到这种情况，德国政府会对小企业实施学徒制培训补贴。

企业可以直接和学习与技能委员会签订合同，并从政府部门领取培训经费之外，大部分企业都需要和各类培训学校、机构进行合作，以项目申报的形式进行学徒制培训竞标；竞标成功后，学习与技能地方委员会把相应的培训经费划拨给培训学校和机构，然后再由其与提供学徒制培训的企业进行协商，依据实际培训任务的分担和费用发生情况来分配相关经费。需要特别提出的是，培训经费的划拨不是一次性的，一般是先划拨 3/4，剩余 1/4 在培训项目完成时再进行支付，而且政府部门还会对学徒培训项目的进展和完成质量进行监督和考核。另外，英国学徒制培训过程中，学徒领取的学徒工资不包含在政府经费中，所以对参与学徒制培训的企业而言，依然存在培训投入的损失风险。

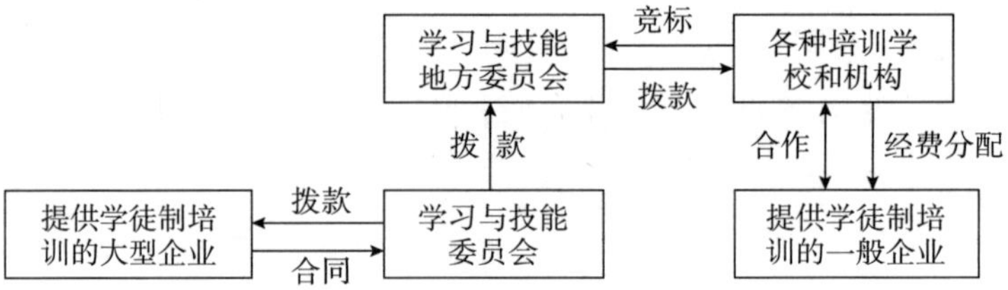

图 7-2　英国学徒制培训经费划拨机制

外生激励的学徒制依赖大量的政府财政支持，而且经费的管理和支付过程容易滋生权力寻租、合谋等问题，不但造成纳税人资源的浪费，还不能保证学徒制培训的质量和效果。但是当企业无法有效挽留那些优秀的学徒时，外部激励措施就成为不得不使用的手段。外生激励的学徒制培训体系在运行效率上虽然不如内生动力为主的制度，但是它至少有力地推动了企业积极参与学徒制培训。这种做法也为我国进行企业新型学徒制试点提供了借鉴。

五、我国企业新型学徒制试点及其问题

为了应对技能人才短缺，我国及时颁布了企业新型学徒制试点方案。

该方案从前提保障、费用投入、合作协调等方面构建了运行机制。但是，我国企业新型学徒制试点方案刚刚推出，必然还有很多不足之处，一方面，需要在实践中不断总结，逐步改进；另一方面，还应该深入剖析现代学徒制的运行机制，以给予实践方案更多的科学指导。

（一）试点方案的推出背景

现代学徒制作为一种能有效培养学习者技能的职业教育人才培养模式，近年来不但成为发达国家和地区增强经济竞争力的重要战略，也成为我国职业教育人才培养体制改革的重要切入点[122]。2015 年 8 月，人社部、财政部联合下发《关于开展企业新型学徒制试点工作的通知》，要求 12 个试点省（区、市）各选择 3~5 家大中型企业作为试点单位，每家企业选拔 100 人左右参加学徒制培训。企业新型学徒制不是简单地向传统学徒制回归，而是对职业教育“校企合作、工学结合”形式的深化。从实践反馈看，企业参与积极性较高，试点企业获批数量远超通知要求。如山东省有 40 家大中型企业申报试点，最终有 16 家企业（每家企业都有明确的合作培养院校）获批[123]；重庆市 10 家企业与 9 所重点技工院校联合开展试点，首批培养人数为 950 名[124]。

1. 制造业升级亟须补齐人才短板

长期以来，与发达国家相比，中国制造的差距体现在质量问题突出、经济效益差、持续发展能力弱、创新能力不强等方面，这种差距很大程度上是因为人才短板造成的。我国要实现从制造业“大国”向“强国”的转变，亟须培养大批技能型产业工人[125]。我国企业新型学徒制不但要改革技能人才的培育方式，还要求企业建立待遇与技能挂钩的激励机制，提高技术工人地位，吸引更多的优秀青年就读职业技术学校并投身生产制造一线，从根本上扭转技能人才供给不足的现状。

2. 建设制造业强国呼唤“工匠精神”

2016 年，“工匠精神”首次出现在政府工作报告中，让人耳目一新。作为一个制造业大国，就应该大力弘扬“工匠精神”，重视技术工人，把失去的人才都吸引过来。《中国制造 2025》指出，要强化职业教育和技能培训，开展现代学徒制试点，形成一支门类齐全、技艺精湛的技术技能人才队伍。可见，现代学徒制正日益受到中央政府的重视，相信它对培养中国的“工匠精神”必将发挥积极作用。

3. 当前技能人才培养体系存在缺陷

人类的职业认知只能以整体化的形式进行，在工作中需要的知识，必须在具体的工作情境和整体化的工作过程中获得，其最重要的成分是带有主观性质的“工作过程知识”[126]。因此，职业教育必须采用工作和学习相结合的方式。当前，我国职业教育在工学结合方面还存在许多缺陷，如校企合作流于形式，把学生当廉价劳动力使用，学生实习期间管理混乱等现象层出不穷。究其原因，一是校企合作并不纳入国家层面的职业教育体系，缺乏顶层设计，职业学校散兵游勇、各显神通；二是校企合作机制没有统一的标准，也缺乏行业协会等中介组织足够的指导与监督。

（二）试点方案的运行机制

图 7-3 描述了我国企业新型学徒制试点方案的运行机制，图中涉及资金流动的用粗线箭头表示，主体之间有协议关系的用双向箭头表示。

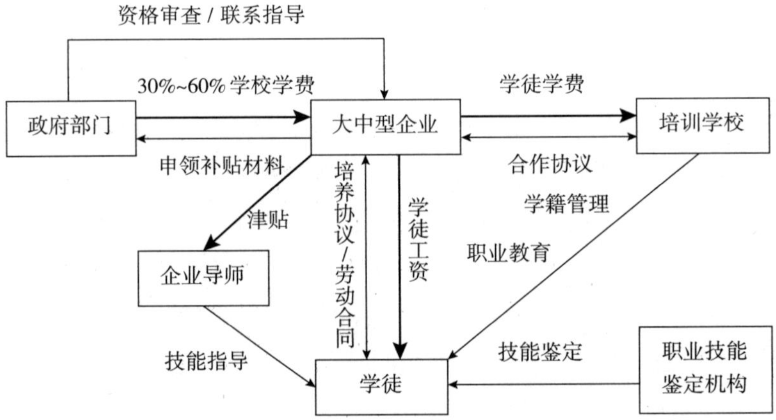

图 7-3　我国企业新型学徒制运行机制

1. 前提保障机制

我国新型学徒制试点方案规定，政府部门对申请试点的企业进行资格审查，要求企业为大中型企业（在没有特别说明的情况下，后文中的企业都指大中型企业），经营状况良好，且具备以下基本条件：企业重视技能人才队伍建设、建立较完善的企业职工培训制度、建立待遇与技能挂钩的激励机制、技能劳动者占企业职工比例达60%以上。满足这四项前提条件的企业对技能人才有较大的需求，也具备一定的培训基础，所以更愿意参与学徒制试点。同时，这类企业的职工参与学徒制培训的积极性也高，因为学徒期满后，无论是工资待遇还是职业前景都有较好的预期。

2. 费用投入机制

学徒制培训的费用投入原则可以概括为“企业为主、政府为辅”。企业承担了学徒培训的主要费用，政府仅对学徒在培训学校发生的学费进行部分补贴（根据学徒期满考核情况，补贴学校学费的30%~60%）。从图7-3中可以看到，企业负担了三项直接费用：学徒工资、企业导师津贴和部分学校学费。培训学校从企业全额收取学徒在校期间的学费，并根据合作协议完成培训任务。企业需要先行垫付学徒的学校学费，然后准备好相关证明材料（学徒培养计划、学徒培养协议、校企合作协议、学徒取得的职业资格证书等）向政府部门申请补贴。

3. 合作协调机制

在企业、学校和学徒三者之间有两项最主要的协议：一是企业与学徒签订的培养协议，协议中要明确培养目标、培训内容与期限、考核办法等内容；二是企业与培训学校的合作协议，明确学校培训的方式、内容、期限、费用、校企双方责任等具体内容，保证学徒在企业工作的同时，能够到学校参加系统的专业知识学习和技能训练。此外，还有三项联系也很重要，即企业与学徒的劳动合同关系、学校对学徒的学籍管理关系、政府部门对企业的审查与指导关系。

（三）试点方案的不足之处

1. 政府补贴机制不合理

试点方案规定企业需要先行支付学徒在学校的学费，学徒期满企业可申请政府补贴；如果学徒考核不合格或没有取得中级以上职业资格证书，则补贴金额减半发放，即仅获得30%的学校学费补贴。然而，学徒期满合格与否或能否取得中级以上职业资格证书，责任并不全在企业，学徒培训效果取决于企业、学校和学徒三方的合作与努力。如果发生政府补贴减半的情形，损失就不应该由企业单独承担。学徒获得职业资格证书对其预期收益有较大的积极影响，可以假定学徒的学习动机不需要额外的激励，但补贴机制应该考虑对学校发挥应有的激励作用。

在试点方案中，培训学校的压力最小，它们从企业收取学费，与企业协调开展学徒职业教育和学籍管理，学徒期满时安排学徒进行考核或职业资格鉴定，这些工作做得好与坏并没有一个相应的监督机制和激励约束机制。事实上，培训学校还存在权力寻租与暗箱操作的空间。如果企业希望全额获得政府补贴，它就会请求培训学校进行“操作”：对于未颁布国家职业技能标准的职业，只需培训学校给予培训合格证书即可，而不管学徒技能是否真的达到要求；那些需要通过鉴定获得职业资格证书的，如果鉴定机构就设在培训学校，则还存在培训学校与鉴定机构“串谋”的可能①。

2. 企业投入风险较大

前已述及，企业在学徒培训中有三项直接费用支出：学徒工资、企业导师津贴和部分学校学费。此外，培训学徒会影响企业导师的工作效率，学徒在岗训练和业务研修还会发生相应费用。当然，学徒也有劳动贡献，但相比企业投入的费用还是太少。学徒如果在培训期满后选择离开企业另谋高就，参与学徒培训的企业岂不是“为他人作嫁衣”？

试点方案不要求学徒毕业后必须留在企业服务一段期限，也没有其他规定保证企业的投入一定有回报。实际上，我国《劳动合同法》也不支持企业通过约定劳动服务期来“强制”留住员工。《劳动合同法》第二十二条规定：“用人单位为劳动者提供专项培训费用，对其进行专业技术培训的，可以与该劳动者订立协议，约定服务期。劳动者违反服务期约定的，应当按照约定向用人单位支付违约金。违约金的数额不得超过用人单位提

① 我国很多技工院校、职业院校都依托特色专业，向主管部门申请并获批设置了相应职业技能鉴定机构。

供的培训费用。”换言之，无论事先劳动合同期限有多长，培训期满的学徒都可以解除劳动合同，他只需提前30日书面告知企业，并支付“不超过用人单位提供的培训费用”作为违约金即可。可见，约定服务期对降低企业投入风险的作用十分有限。从企业角度看，即便索回全部培训费用，也得不偿失，因为学徒培训的间接费用和离职后的预期效益损失都得不到弥补；从学徒角度看，约定服务期是一种惩罚机制，而不是激励机制。

3. 专业机构职责缺位

政府部门负责对申请学徒制培训的企业进行资格审查和管理，在初期阶段或许有效；随着试点范围的扩大，政府部门的工作能力和服务的专业性将难以满足要求，政府职责必须转变。此外，企业和学徒之间的培养协议是否规范？企业和学校之间的合作协议是否有利于学徒双重身份管理？企业制定的培养计划（包括培养目标和方式、教学方案制订、教学过程安排、教学管理制度、质量评价体系和考核制度等）是否科学？学徒劳动合同是否得到顺利执行？……这些工作的开展都应该得到专业机构的指导与监督。德国学徒制的顺利运行离不开各种中介机构的参与和指导，这些机构包括行业雇主协会（开发学徒项目、邀请大企业参与）、商会（组织管理、监控、组织考试）、工会、员工甄选咨询部门等。与之相比，我国行业协会、企业工会等部门的职责有明显缺位，它们应该被纳入新型学徒制体系，并被赋予相应的权利义务。

（四）试点方案的改进举措

1. 完善投入机制，给企业减负的同时调动学校积极性

职业教育与培训属于准公共产品，政府应当承担应有的责任。大多数实施学徒制的西方国家政府部门都会列支专门的职业教育经费，承担学徒在职业学校的公共教育成本；同时，通过商会等专门机构严格监控职业学校的教育质量，统一组织学徒职业鉴定考试。这一方面减轻了企业的培训成本压力，另一方面也合理调动了职业学校的积极性。

就我国新型学徒制而言，首先，建议将学徒期间所产生的培训费用一分为二。在企业内发生的培训费用，由企业承担，在培训学校发生的职业

教育费用，由政府公共财政负担。即对于企业支付给培训学校的培训费用（以培训费发票为准），将补贴数额基准从原来的60%提高到100%。其次，完善具有奖惩性质的补贴减半机制，将培训学校与企业作为共同奖惩对象。如果学徒技能考核不合格，或没有取得相应的中级以上职业资格证书，则学费补贴依然减半，只是减半损失应由企业和培训学校均摊（或按照一定比例分摊）。最后，还应该加强培训学校教育质量监督与考核，提高职业技能鉴定机构的独立性，限制培训学校的权力寻租与暗箱操作，让政府补贴专项资金发挥应有的作用。

当然，实施“征税—拨款制”、“税费减免”也是可以考虑的选项。前者是政府根据企业使用技术工人情况，拟订一份必须参与学徒制培训的企业名单（以行业大中型企业为主），向未完成培训任务的企业征收培训税，形成专门的培训基金，再按比例拨款给额外完成了培训任务的企业；后者则是对参与学徒培训的企业减免部分税收，还可以免除学徒培训期间应缴纳的社会保险费用。

2. 扩大试点范围，形成“高培训率—高留任率”均衡

缓解企业投入风险的最佳途径就是提高学徒留任率，使企业的培训投入有预期回报。由于通过劳动合同强制留人的作用有限，所以比较理想的方式是让学徒发现留任比离职的预期收益更高。在德国，95%的大中型企业（员工500人以上）都参与学徒培训，这些企业的学徒留任率超过80%，离职的学徒中还有部分是因为学徒期表现不合格，企业主动放弃的人员。这种现象被学者称为“高培训率—高留任率”均衡（High-Training，High-Retention Equilibrium）[127]。这是一种良性循环：大中型企业积极参与学徒培训，并尽可能留下合格的学徒，少从外部招聘；留下的学徒进入企业内部劳动力市场，获得可预期的职业成长，学徒留任意愿高；进入外部劳动力市场的学徒很难在其他大中型企业寻找到合适的岗位（去小企业通常更不明智），这进一步削弱了学徒毕业后离职的意愿。所以，我国推广新型学徒制的一个主要方向就是让尽可能多的大中型企业都参与学徒制培训，形成“高培训率—高留任率”的均衡。

3. 健全专业机构，降低各利益方的预期风险

功能完善的专业机构，相当于新型学徒制运行体系的“润滑剂”，它

们能促进整个培训体系的顺利运转，保证培训质量的同时降低各利益方的预期风险。因此，为加快推进新型学徒制，促进学徒培养方案的标准化，建议成立行业雇主协会。行业雇主协会的主要职责有两方面：一是开发适合行业特征、满足雇主需要的学徒制培训项目；二是积极邀请并协调行业内的大中型企业加入新型学徒制培训体系。同时，健全行业协会的功能，由行业协会牵头，联合政府部门、培训学校、职业鉴定机构开展学徒培训管理、质量监督和职业技能考核/鉴定。积极发挥企业工会的功能，在培养协议的签订、学徒劳动合同的签订与执行过程中起到协调、监督和谈判作用。

第八章　基于新型学徒制的农民工培训模式

西方国家的实践已经证明，现代学徒制是推动企业参与职业技术培训的有效模式。我国于 2015 年 8 月颁布学徒制试点方案之后，连续几年不断加大投入力度，意在推动更多的企业开展学徒制培训。本书认为，在全国范围内开展新型学徒制试点工作，应该把农民工特别是新生代农民工纳入进来，甚至还应该有所倾斜，因为新生代农民工已经成为我国新时代产业工人的主体。但是正如前文所述，我国新型学徒制试点工作还存在诸多问题，如果要求企业把学徒制培训和农民工培训结合起来，就必须加快完善相应的体制机制，形成农民工学徒制培训的良性运转模式。本章首先分析我国企业参与新型学徒制培训面临的风险以及应该采用的防范措施，其次阐述新型学徒制应用于农民工培训的必要性和可行性，最后构建了基于新型学徒制的农民工培训模式，并给出相应的配套政策。

一、我国学徒制培训的企业风险与防范

在阐述我国新型学徒制试点的不足之处时，我们谈到了企业参与学徒制培训可能面临的风险。本书认为，相比试点方案的其他不足之处，解决企业风险和担忧是最难的，也是最重要的。如果不能有效调动企业参与的积极性，学徒制培训也就无从谈起，更不可能要求企业招收农民工并对他们开展学徒制培训。

（一）新型学徒制培训的企业风险

我国《企业新型学徒制试点方案》（以下简称《试点方案》）规定：学徒培训对象为大中型企业中与企业签订6个月以上劳动合同的技能岗位新招用人员和新转岗人员；政府根据学徒取得的职业资格（或技能考核）情况，按每人每年4000~6000元标准进行补贴。《试点方案》出台后，企业参与积极性较高，试点企业获批数量远超预期，这说明我国企业普遍面临着转型升级导致的技术工人紧缺问题。但是，对于学徒培训后可能发生的技术工人流失风险与应对措施，《试点方案》并没有提及，培训补贴额度也远不能弥补企业投入可能发生的风险损失。

新型学徒制培训的费用投入以企业为主、政府为辅。《试点方案》规定，政府根据学徒期满的技能考核情况补贴企业，4000~6000元的补贴额度仅相当于学徒在培训学校学费的30%~60%，其他一切与培训有关的费用都由企业承担。因此，即使不考虑企业支付的学徒工资（因为学徒也有劳动贡献），企业负担的直接费用还包括企业导师津贴和部分学校学费。此外，培训学徒会影响企业导师的工作效率，学徒在岗训练和业务研修还会发生相应费用。考虑到参与培训的学徒数量较多，期限较长，如果学徒期满后选择离职，则培训企业将面临极大的人力资本投资损失。

面对这样的风险，企业唯一能采取的防范措施，就是主动与被培训的学徒签订期限较长的合同来防止其流失，要求学徒期满的学徒必须在企业工作一定年份才能离职，提前离职的员工需支付一定赔偿金。但这种赔偿金是有法律限制的，即“不超过用人单位提供的培训费用”。当外部机会足够吸引人时，那些在学徒制培训中投入了大量成本的企业，将对技术工人流失无能为力。因此，尽管当前参与新型学徒制培训试点的企业较为积极，但培训企业所面临的风险却被忽略了。企业参与学徒制培训是一种教育投资，合理地对“成本—收益”进行分析，是影响企业做出参与决策的关键[121]。如果不及时制定化解企业人力资本投资风险的措施，经过一段时间的运行后，理性的企业必将逐步退出学徒制培训。

(二)企业学徒制培训参与动机影响因素

推动西方现代学徒制有效运行的动力机制中，有以德国为代表的内生动力机制，也有以英国为代表的外生激励机制。不同动力机制的形成与特点为我国构建学徒制运行机制提供了有益的借鉴。虽然短期内，采用外生激励的动力机制对于推动学徒制培训在全社会迅速开展是合适的，但是从长远来看，我们还是希望能构建学徒制培训参与的内生动力机制，从而相对减少政府财政投入。学徒制培训内生动力机制的建立要求企业参与比例高、劳动力市场上的信息传递机制健全，因此内生动力机制的形成与发展不是一朝一夕的，它需要整个社会经过长时间的良性互动，在各参与方之间形成理性预期，而且在这个过程中，政府还要时刻发挥合适的引导者作用。因此，有必要从理论上深入分析内生动力机制形成的原因——在什么条件下，企业通过内部培养学徒所获得的利益要大于通过外部招聘技术工人所获得的利益?

假设为补充足够的技术工人，企业可以选择加大培训投入，将不具备相关技能的工人作为学徒来培养——“学徒培养策略”，也可以从市场上招聘有工作经验的工人——“外部招聘策略”。学徒期满，培训合格的工人可以选择留在培训企业，也可以选择离开；培训不合格的工人将被企业辞退，这类人员流向劳动力市场成为潜在的“柠檬”工人——有培训/工作经历却不能胜任相应技术岗位的工人。

1. 学徒制企业参与率对企业培训动机的影响

不是所有的企业都会参与学徒制培训。令学徒制培训的社会参与率为 t，t 越大，企业通过学徒培养获取技术工人的概率越大，从外部招聘的可能越小，企业对外部技术人才需求的下降将导致行业内的市场就业机会减少。工人经过学徒制培训后的主动离职率为 q，它受培训后的外部就业机会的影响。通常情况下，由于小企业的待遇和发展潜力较差，有学徒培训经历的工人再就业时依然会选择行业内的大中型企业。因此，如果外部就业机会减少，工人在学徒培训后的主动离职率 q 就会下降，即 $q'(t)<0$。假定工人学徒期满成为“柠檬”工人的发生率为 l，则学徒期满的留任率

$r=1-l-q(t)$。对每个学徒而言，不论其培训结束后是否留在企业，企业为其付出的培训成本都是 C_a。考虑到学徒离职损失的存在，企业选择“学徒培养策略”的成本为：

$$F_a(C_a, t)=C_a/r=C_a/[1-l-q(t)] \tag{8-1}$$

企业如果选择“外部招聘策略”，也要承担一定的培训成本：一是企业专用技能的培训成本 C_s，市场上有工作经验的工人只是掌握了市场一般技能，并不具备招聘企业的专用技能（这些技能包括与特定团队的合作、熟悉企业特有的生产计划与流程、适应并参与企业独特的产品创新方式、融入企业文化与制度等）；二是因为信息不对称，聘用到“柠檬”工人所花费的代价为 C_l，市场上“柠檬”工人的比例越高，企业外聘的代价将越大。最终，“外部招聘策略”的成本为：

$$F_h(C_s, C_l, t)=C_s+C_l \cdot l/[l+q(t)] \tag{8-2}$$

企业倾向“学徒培养策略”，而不是“外部招聘策略”的条件是：

$$F_a(C_a, t)<F_h(C_s, C_l, t) \tag{8-3}$$

因为 $q'(t)<0$，所以 $r'(t)>0$，$\partial F_a/\partial t<0$，其含义是学徒制培训的社会参与率 t 越大，学徒培训后的主动离职率 q 越小，“学徒培养策略”的总成本 F_a 越小。同理可得，$\partial F_h/\partial t>0$，即 t 越大，“外部招聘策略”的成本越高。综合而言，如果参与学徒制培训的企业越来越多，不等式（8-3）成立的可能性就越来越高，企业通过开展学徒制培训来获取技能工人的意愿将越来越强，即“学徒培养策略”是占优策略。换言之，全社会参与学徒制培训的企业越多，企业开展学徒制培训的动机就越强。这不是跟风效应，而是实实在在的利益驱使。

2. 企业专用技能的重要性对企业培训动机的影响

在制造业高度发达的德国，企业对外聘工人实施专用技能培训的成本十分高昂，企业不得不在培养学徒和外部招聘之间进行权衡[128]。随着《中国制造 2025》战略的全面实施，专用技能对我国企业的重要性必将日益增强，从而影响到企业技术工人的获取方式。

用 $0\leqslant S_c\leqslant 1$ 表示技术工人需要掌握的企业专用技能程度；S_m 表示市

场一般技能，它取值0或1，即要么有市场技能，要么没有；$0\leq\alpha\leq1$ 表示专用技能的重要性，企业生产技术和流程越复杂，α 值越大。技术工人的产出可以表示为 $y=S_c^{\alpha}S_m$。

由于学徒在企业内进行岗位一般技能培训的同时，也获取了培训企业的专用技能，所以学徒培训成本 C_a 包含了一般技能和专用技能培训成本。假设学徒期满留在企业继续工作的工资是 w，它与外聘有经验的工人工资相同。则“学徒培养策略”给企业带来的净收益是：

$$\pi_a=S_c^{\alpha}S_m-C_a-w \tag{8-4}$$

又因为培训合格的学徒满足 $S_c=1$ 和 $S_m=1$，所以式（8-4）可以简写为：

$$\pi_a=1-C_a-w \tag{8-5}$$

接下来考察“外部招聘策略”的净收益 π_h。前已述及，选择“外部招聘策略”时，为了有效发挥外聘工人的市场技能，企业需要对外聘工人开展专用技能培训，并承担相应的培训成本。对外聘工人进行专用技能培训的成本 C_s 实际上是一种间接成本，它是因为外聘工人不熟悉企业生产过程，影响了其市场技能的发挥，从而造成生产效率下降所产生的损失。假设外聘工人需要一段时间 $0<\mu<1$ 掌握专用技能 S_c，这段时间内工人的市场技能不能有效发挥，于是外聘工人的净收益为：

$$\pi_h=S_c^{\alpha}(1-\mu S_c)-w \tag{8-6}$$

为求得最佳的 S_c^* 使 π_h 最大，令 $d\pi_h/dS_c=0$，得到：

$$S_c^*=\alpha/[\mu(1+\alpha)] \tag{8-7}$$

当 $\mu\leq\alpha/(1+\alpha)$ 时，$S_c^*=1$，则 $\pi_h=1-\mu-w$。于是，“学徒培养策略”相比“外部招聘策略”的收益差值为：

$$F=\pi_a-\pi_h=\mu-C_a \tag{8-8}$$

通常情况下，专用技能越重要，外聘工人掌握专用技能所花费的时间越多，即 $d\mu/d\alpha>0$，于是 $dF/d\alpha>0$。

当 $\mu>\alpha/(1+\alpha)$ 时，$S_c^*<1$；将式（8-7）代入式（8-6），再计算两种

策略的收益差值：

$$F=1-C_a-(\alpha/\mu)^{\alpha}\cdot(1+\alpha)^{-(1+\alpha)} \quad (8-9)$$

进而有 $dF/d\alpha=\ln[\mu(1+\alpha)/\alpha]$。因为 $\mu(1+\alpha)/\alpha>1$，所以 $dF/d\alpha>0$。

综合式（8-8）和式（8-9）的结论，有 $dF/d\alpha>0$ 始终成立。其含义是，专用技能对企业生产越重要，“学徒培养策略”比“外部招聘策略”所带来的收益越多，企业越愿意通过学徒制培训的方式来获取技术工人，即“学徒培养策略”是占优策略。换言之，如果企业生产越来越依靠员工的专用性技能，则企业开展学徒制培训的动机越强。

综上所述，如果要建立企业参与学徒制培训的内生动力机制，就必须让企业通过内部培养学徒所获得的利益大于通过外部招聘技术工人所取得的利益。实现上述目标的条件有两项，缺一不可：一是让大部分企业都参与学徒制培训，企业培训参与率越高，不参加学徒制培训的企业依靠外部招聘获取足够技术工人的可能性越低，企业逐利心态将驱使其自觉开展学徒制培训。二是加快推动企业生产技术改造升级，将简单重复性劳动（仅需要一般技能的劳动）由人工智能和机器替代，迫使企业在生产过程中依赖更多的专用性技能，因为专用性技能往往只能依靠企业内部培养，所以在生产技术大面积升级背景下，企业将不得不主动为获取适合自身需要的技术工人而大力开展学徒培训。

(三) 缓解学徒制培训企业风险的政府措施

根据对企业参与学徒制培训的动机分析，应对企业人力资本投资风险的思路就是保证企业选择“学徒培养策略”的好处大于“外部招聘策略”。因此，政府管理部门应该在以下几个方面有所作为：

1. 积极扩大新型学徒制试点范围

前述分析表明，随着参与学徒制培训的企业越来越多，学徒外部就业的机会就会越来越少（选择小企业就业通常是不明智的），学徒期满后的主动离职率下降，企业开展学徒制培训的成本随之减少；同时，外部招聘工人的成本将上升，而且招聘到“柠檬”工人的概率增加，给企业造成更大的损失。在这种情况下，企业更倾向于通过“学徒培养策略”来获取技术工人。所以，当前政府主管部门的主要任务之一，就是积极扩大企业新型学徒制试点范围，让尽可能多的大中型企业都参与进来，形成技术工人学徒制培训的良性循环机制。

2. 规范企业技术工人工资增长制度

企业要留住优秀的学徒，就必须提供足够好的待遇，至少要让学徒认为留下比离开的收益要多。为实现上述目标，政府主管部门有必要尽快规范企业技术工人工资增长制度。首先，要引导企业将技术工人的基本工资与技能等级挂钩，为技术工人建立合理的工资增长制度；其次，指导企业完善技术工人职称晋升制度，鼓励技术工人在同一企业长期工作；最后，规范技术工人外部市场工资体系，制定相对统一的技术工人基本工资指导制度，防止恶性人才竞争（适当考虑地区收入水平差异）。这样一来，除了少数因为个人原因或不符合培训企业需要而离职的学徒外，大多数顺利毕业的学徒都将倾向于留在培训企业。学徒留在培训企业不但可以获得相应的市场工资水平，还能充分利用在培训企业习得的专用技能，获得比在外部企业更多的绩效回报和职业成长机会。有实证研究表明，德国学徒毕业之后流动性很低，是因为单纯地在不同公司及职位之间变动，将导致毕业学徒平均工资的下降，而学徒在培训公司内部发生职位变动，则意味着收入的持续增长[129]。所以，规范企业技术工人工资增长制度，对降低学徒流动性将有一定的作用，并有利于缓解企业培训投入风险，从而调动企业开展学徒制培训的积极性。

3. 加速推动制造业转型升级

长期以来，因为人口红利的好处，企业得以维持低质低效的生产方式，企业对技术工人的需求并不紧迫。然而，经济新常态下产业结构升级的压力与日俱增，制造业生产技术和制造流程更尖端、更复杂，技术工人的专用技能对企业生产也越来越重要。而随着企业专用技能重要性的增加，选择“学徒培养策略”来获取技术工人将是更加理性的选择。因此，通过政府层面积极推动产业转型，加快淘汰落后产能，深入开展供给侧结构性改革，把提质增效作为转型的核心任务，将逼迫企业不得不重视培养自己的技术工人。

4. 强化学徒制培训的政府责任

所有能减少企业学徒培训总成本的举措都是可以考虑的，它将直接提高企业参与学徒制培训的积极性。比如，增加政府补贴，给予企业更多优惠和补助，大幅减轻企业培训成本压力。产业工人技能培训是一项具有准公益性质和重要战略意义的工程，政府理应承担更多的责任。建议将学徒期间所产生的培训费用一分为二：在企业内发生的培训费用由企业承担，在培训学校发生的职业教育费用由政府公共财政负担，促使更多的产业工人获得学徒制培训机会。

二、农民工学徒制培训的必要性和可行性

（一）我国社会急需大量高技能劳动力

人口红利逐渐消失、劳动力成本不断攀升让传统劳动密集型企业的利润大幅缩水。我国沿海发达地区低技术含量、低附加值生产企业要么倒闭，要么向中西部转移。产业结构的升级换代反过来又对劳动力市场产生影响。短期来看，低技能农民工在返乡后，还能就地就近从事之前在沿海地区相似的工作；长期来看，随着工业化的深入，不论是沿海地区还是中西部，低技能劳动力的市场需求将不断下降，高技能劳动力在市场上将持续走俏。因此，通过学徒制培训把我国数量众多的农民工，特别是新生代农民工转化成高技能劳动力已经迫在眉睫。

（二）大部分农民工是合适的学徒群体

根据2016年的农民工监测报告，具有初高中及以上学历的农民工占比达到了86%以上，也就是说，大部分农民工的文化基础都满足企业招聘学徒的最低要求。当然，现实中年纪偏大的农民工由于有更大的家庭经济压力，可能参与学徒制培训的意愿并不强烈，但40岁以下的新生代农民工依然是一个超过1亿人的庞大群体。因此，将广大新生代农民工纳入学徒制培训，将更具有可行性，理由如下：

首先，新生代农民工的年龄结构更合适。“80后”、“90后”是新生代农民工的主体，该群体的年龄集中在16~35岁。在年龄结构上，与西方学徒制学员年龄相仿，他们相对容易接受“学徒”身份，即忍受一段时间的低收入状态。即便是部分已经成家立业的新生代农民工，其养家糊口（维持温饱）的难度并不大，他们的压力主要来自追求更好城市生活的愿望，包括购买城市住房、希望子女享受更好的城市教育等方面。在短期内无法实现这些愿望时，通过学徒制培训给自身职业技能带来质的提升（并获取更好的就业机会）就成为一项理智的选择。

其次，新生代农民工的学历背景更合适。新生代农民工的平均受教育年限是9.8年，完成九年制义务教育及以上的人达到了93.3%（其中初中学历占64.4%）[130]。他们的文化知识基础适合学徒制培训形式，即有一定接受理论知识的能力，但更喜欢通过操作性的实践来掌握技能。

最后，新生代农民工的价值观更合适。由于受到了较好的基础文化教育，新生代农民工通常比较了解互联网信息，重视自身价值的实现，有较强的职业生涯规划意识；他们喜欢与城市同龄人相比，没有太大的家庭负担压力，愿意慢慢找自己喜欢的、有发展前途的工作。

（三）新型学徒制的运行机制具有合理性

“二战”后，现代学徒制在西方各国得到迅速发展，它是传统学徒培训与现代学校教育相结合的合作教育制度[126]。学徒可以通过学徒制培训培养学习能力，以便日后在工作中面临困难和挑战时，依然可以从容应对[131]。我国企业新型学徒制试点方案吸收了西方现代学徒制的成功经验，同时考虑了我国职业教育资源和企业职工培训的现状，其本质是在企业推行“招工即招生、入企即入校、企校双师联合培养”的制度。因此，在新型学徒制框架下，学徒具有双重身份，既是学校的学生，也是企业的员工。

新型学徒制的运行涉及政府部门、企业、培训学校、职业技能鉴定机构、学徒等诸多主体，各主体之间的联系机制有：①企业与学徒的劳动合同关系，企业要根据学徒在企业的劳动情况支付相应的学徒工资。②企业与学徒签订的培养协议，明确培养目标、培训内容与期限（一般1~2年）、考核办法等内容。③企业与培训学校的合作协议，明确学校培训的方式、内容、期限、费用、校企双方责任等内容，保证学徒在企业工作的同时，能够到学校参加系统的专业知识学习和技能训练。④政府部门对企业的扶持与监督关系，政府主要扶持那些有需求、有条件的大中型企业开展学徒制培训，而且严把质量关，根据学徒的职业技能鉴定情况给予企业相应补贴。

应该说，虽然我国新型企业学徒制只是刚刚起步，但是在充分吸收借鉴西方经验的条件下，《试点方案》所构建的运行机制还是具有一定合理性的，因而在实施过程中得到了较好的社会反响，企业参与积极性较高。相信经过几年的经验总结和调整，新型学徒制必将越来越受到社会和企业的欢迎。

（四）社会资源满足农民工学徒制培训需求

首先，有一定可供利用的职业教育资源。2010年，全国中等职业学校合计1.39万所，包括普通中专、职业高中、成人中专、农村中等职业学校等[130]。而根据全国总工会在《关于新生代农民工问题研究报告》（《工人日报》2010年6月21日）中公布的数据，2009年全国年龄段在16~30岁的新生代农民工约有1亿人。假设1/3的新生代农民工进入中职学校学习（学徒必须进入职业学校学习），那么全国中职学校与新生代农民工学徒人数的比例约为1∶2400。这个比例值偏大，但如果再考虑遍布广大乡村地区的农村成人文化技术学校，以及大量社会培训机构（含营利性和公益性机构），则当前的职业教育资源应该基本满足要求。

其次，政府在农民工培训方面的决心坚定，且财政支持力度逐年递增。有数据表明，2004年中央财政“三农”投入2626亿元，其中直接安排的农民培训预算仅2.5亿元；但是到了2008年，中央财政投入农民工培训的资金就达到44.15亿元[132]。尽管相比庞大的农民工群体而言，这个投入额度还很小，但其增幅却显示了政府加大农民工培训投入力度的决心。

三、农民工学徒制培训模式构建与配套政策

现代学徒制在西方的成功，引起了我国学术界对职业教育以及农民工培训的反思。现代学徒制通常有特定的培训对象、统一的管理机构、专业的指导组织、竞争的培训主体、灵活的培训学制。当前，在我国实施农民工学徒制培训已经具备可行性；接下来要做的是通过制度与规范建设，构建合理的运行机制，缓解企业参与培训的风险，同时吸引足够的农民工参与学徒制培训。

（一）农民工学徒制培训模式须解决两个难题

农民工学徒制培训模式的开发与政策制定既要有坚实的理论基础，又要考虑本国国情。西方国家一系列成熟的学徒制做法，如学徒制立法、组织机构设定与职责分工、培训标准与规范等，都只是事物的表面，无法照搬照抄。但是，深入思考就会发现，在这些表面现象的背后，都有两个不得不解决的问题：一是企业为什么愿意参与学徒制培训？二是年轻人为什么愿意选择学徒制培训（而不是其他教育产品）？构建农民工学徒制培训模式，也必须正面回答这两个问题。

1. 企业为什么愿意参与农民工学徒制培训

在当前的《试点方案》条件下，企业参与农民工学徒制培训的投入风险太大。但是，在各种不确定因素与客观限制条件下，政府又不可能给予参与企业无条件的补贴。那么，如何解决企业的参与意愿问题，就成为机制设计的核心之一。

政府补贴并不是企业参与学徒制培训的根本动力，即便短期效果明显，长期来看也可能引发企业和培训学校骗取培训补贴的投机主义行为，从而造成政府财政资金使用效率低下。企业参与学徒制培训的本质是一种人力资本投资行为，其投资净收益必须为正，企业才有积极性。在学徒制培训成本得不到全额补贴的情况下，企业只能期望学徒在期满之后留任，并经过一段时间的工作，创造足够的价值来加以弥补。所以，利用新型学

徒制培训农民工，在政策取向方面，应该多思考如何保证更多的农民工在学徒期满后留在培训企业。换言之，如何帮助企业留下有技能的农民工，是政府管理者应该思考的问题。

2. 农民工为什么愿意选择学徒制培训

在我国，大学教育的普及和精英教育思想的根深蒂固，导致职业教育一直处于十分尴尬的地位。在普通民众眼里，只有文化成绩不好的人才会选择职业教育，而且职业教育是与社会底层工作画等号的。这种畸形的观念与长期以来我国技术工人职业发展通道缺失、工资增长体系不合理密切相关。新生代农民工对职业技术教育的看法存在相似的观点，很多农村初中生毕业后，并不愿意进入中等职业技术学校学习技术，认为中专毕业生的工作收入低，又苦又累，被人瞧不起。高中毕业生如果考不上好大学，就读高职高专也是无奈的选择。

新型学徒制也是一种职业教育形式，其目的是为企业培养高质量的技术工人。但是如果技术工人的职业发展、工资待遇得不到应有的关注，包括新生代农民工在内的广大年轻人就不会选择学徒制。

《试点方案》规定了特定的培养对象，即企业技能岗位新招用人员和新转岗人员，这些人依然以年轻人为主。同意接受学徒制培训，就意味着必须忍受1~2年内很低的学徒期工资①。所以，为鼓励优秀青年农民工参与学徒制培训，就必须让参与学徒制培训的年轻人对未来的收入和地位有良好的预期。这要求参与新型学徒制培训的大中型企业完善企业内部劳动力市场，建立顺畅的技术工人内部职业发展通道，吸引农民工学徒毕业后在企业内部长期发展，并给予其应有的回报。

（二）农民工学徒制培训模式的构建思路

文献研究表明，目前我国农民工培训的不足之处主要有四点：一是多头管理、缺乏统筹；二是覆盖面小、力度不够；三是组织混乱、效率低下；四

---

① 西方国家的学徒期工资一般为当地最低工资的20%~70%；尽管我国规定“企业根据学徒实际工作贡献支付不低于当地最低工资标准的学徒基本工资”，但实际操作中给予学徒当地最低工资标准应该是企业最理智的选择。

是形式落后、没有吸引力[130][132]。现代学徒制是产教融合的典范，我国学者对西方学徒制进行了分析与比较，认为应该将其引入中国，以改革中国的职业院校培养人才的模式（许竞，2005[133]；王奕俊和王建初，2011[134]）；但是只有个别学者（关晶和石伟平，2011，2013）明确提出了以新生代农民工培训为突破口，在中国试点学徒制培训，并给出了一些初步的想法[134][135]。

构建农民工学徒制培训模式，必须紧扣学徒制培训的两大难题，从制度设计上寻求解决办法：一是打消企业坐享其成的想法，让企业发现为农民工提供技能培训并留下他们的好处大于从外部招聘熟练工人的收益；二是改革和完善企业内技术工人收入增长制度，大幅提高其待遇。当然，构建农民工学徒制培训模式必将面临诸多困难，比如该设置什么样的管理部门来负责学徒制在全国范围内展开？这些部门又应该有哪些职责和管理权限？职业学校、培训机构、参与企业的准入资格是什么？由谁来审定？它们参与学徒制项目的积极性从何而来？等等。尽管困难重重，但农民工培训改革的大方向已经清晰：先从政府层面做好统筹管理，然后将培训项目市场化，并逐步提升企业在农民工培训中的地位，逐步将农民工培训纳入企业技术技能积累体系（和震和李晨，2013）[7]。

本书认为，构建农民工学徒制培训的基本思路是：农民工在学历教育上的投入影响他获得更多企业培训的机会，政府不再组织低水平的技能培训，而是转向中级或高级职业技术学校购买培训服务。企业和学校建立农民工教育培训联盟，所有被企业聘用/学校招生的农民工都将同时获得一份学徒劳动合同和一份学徒培训协议；1~3 年期限，大约 1/3 时间（可累计）在学校完成专业理论教学，所需费用由政府承担，2/3 时间在企业当学徒，由企业师傅负责实践教学；在企业期间，学徒获得不低于最低工资的学徒工资，企业必须严格执行学徒培养计划，不得将学徒当作廉价劳动力使用。学徒期满，经考核发放毕业证书和职业资格证书；培训企业可优先聘用学徒，学徒也可以选择到其他企业就业。

（三）农民工学徒制培训的体制机制设计

1. 农民工学徒制培训管理机构

学徒制培训有效运转的基本前提是有专门的组织机构来负责相关事

宜，而且它能与其他参与主体有效协作。我国各级教育行政机构一般都下设有职业教育与成人教育职能部门，该部门的主要工作是指导中职与高职专业设置、教学评估、教师培养、学籍管理、教学改革等内容，并没有明确有关农民工培训的工作职责，只是笼统地将其包含在“成人教育”这个大的概念里。换言之，面对数量庞大有培训需求的农民工群体，教育行政机构却没有专门的职能部门来负责。因此，构建农民工学徒制培训体系的首要任务，是在教育部门设置合适的专门管理机构。这里建议在教育部职业教育与成人教育司下成立“学徒制培训领导小组”，并在该小组指导下设置学徒制信息中心、学徒制标准委员会、监督与考评委员会、资格审查委员会、经费与合同管理处五个子机构（见图 8-1）。

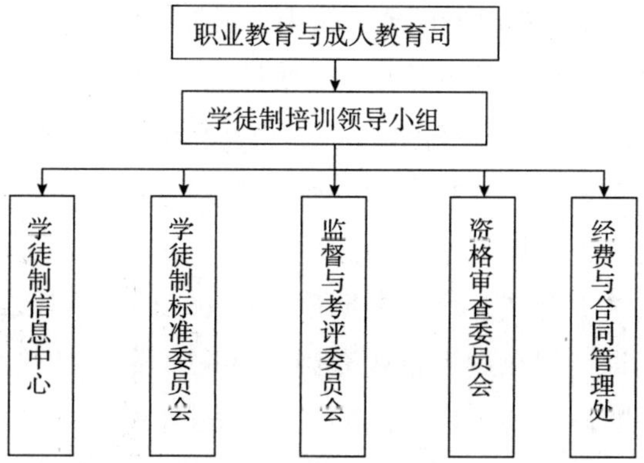

图 8-1　农民工学徒制培训行政机构设置

对各子行政机构的职能简要说明如下：学徒制信息中心负责发布学徒制项目与计划信息，将有资格的职业学校、培训机构和企业纳入信息系统，建立全国农民工学徒资料信息库，及时发布农民工培训需求信息和毕业学徒求职信息。学徒制标准委员会负责遴选并组织外聘专家来制定各行业、不同级别学徒培训项目的学制要求、内容标准、质量标准等，外聘专家由行业协会代表、企业代表和学校代表组成。监督与考评委员会负责学校、企业培训情况的巡察工作，对其培训项目完成情况做出考评，并将考评结果反馈给资格审查委员会、经费与合同管理处。资格审查委员会负责定期审查已经注册的职业学校、培训机构和企业的教学与培训能力，对不合格的相关机构给予警告甚至取消资格，同时定期接受新的准入资格申请。经费与合同管理处根据培训提供方对培训计划与合同（合同由地方学徒制管理部门与培训单位签订）的完成情况，同时参照监督与考评委员会提供的信息划拨经费。另外，考虑到农民工培训群体的庞大，随着工作的深入与拓展，应逐步将中央部门的行政权力下放到地方，特别是监督考评、资格审查与合同管理等工作。

2. 经费使用与运行机制

农民工学徒制培训的本质是政府采购农民工培训服务的一种特殊形式，因此经费来源主要还是政府财政投入，但这种采购形式却能有效调动各参与主体的积极性，形成良性竞争，并切实提高培训质量。图 8-2 描述了农民工学徒制培训的运行机制。其中，政府部门与职业学校、培训机构、企业之间的经费划拨依据是培训计划与合同的完成情况；职业学校与营利性培训机构之间是市场竞争对手，也是潜在的合作伙伴；职业学校、培训机构必须与企业部门建立合作关系，共同完成学徒培训计划；职业学校与培训机构主动到市场上招收合适的农民工入学，并在办理入学手续时签订相应的个人培训合同，合同中明确说明农民工不用缴纳学费；农民工入学后，根据培训计划在进入企业充当学徒时，企业必须与之签订学徒合同，并在合同中明确学徒工作期间的待遇问题（通常是同类岗位正式职工工资的 1/3~2/3）。学徒毕业后，培训企业有优先聘用权。

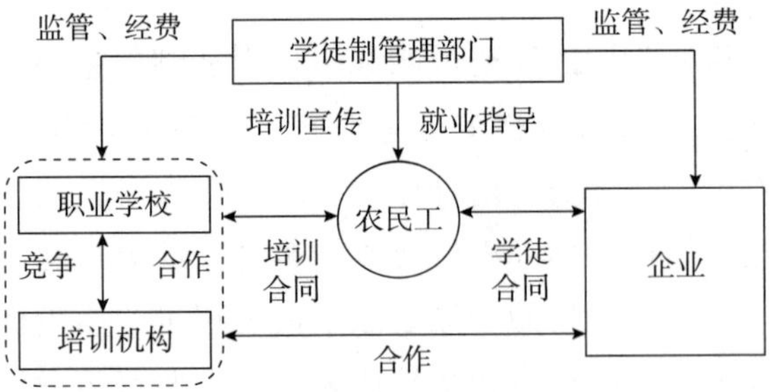

图 8-2　农民工学徒制培训运行机制

3. 学徒学籍管理制度

根据我国当前农民工特点与生活状态，建议短期内主要面向 16~30 岁、具有初中文化及以上知识的农民工开放学徒制培训，并重点照顾少数民族群体、贫困家庭、身体残障农民工的培训需求。一经录取，培训方就应为农民工建立学徒信息卡，录入全国学徒制信息中心；在学徒完成培训学习计划、达到相应职业资格之后，及时更新其学徒信息卡，并颁发相应的毕业证书和职业资格证书。在学制安排上，根据农民工的文化、技能基础和行业职业资格要求，采取 1~4 年不等的弹性学制；允许农民工在学习期间短暂离开学校（或企业），但不能太久（比如最多 3 个月），同时要求累计培训时间达到学制要求。随着学徒制培训等级制的完善，可以考虑建立学徒制与国民教育系列高等教育的衔接制度，允许高等级学徒毕业后进入高等职业院校甚至本科院校深造。

4. 培训评价与反馈机制

科学的培训评价与反馈机制是极为重要的环节，它能激励培训提供方在扩大招生数量的同时保证培训质量。评价学徒制培训绩效时，必须综合考虑农民工的培训数量（指顺利毕业且获得相应职业资格证书的人数）、监督与考评委员会的巡察报告（特别是培训标准的执行情况）、毕业学徒的一次就业率和就业质量、培训精品课程建设情况等。对于综合绩效达标的培训提供方，政府管理部门应及时根据培训计划与合同划拨培训经费；对特别优秀的单位，还应该酌情给予名誉表彰和财政奖励。

（四）推动农民工学徒制培训的配套政策

1. 建立学徒招生遴选制度

当前，虽然有大量的农民工需要进行职业技能培训和升级，但是为了保证学徒培养质量，同时也为了确保企业培训投资的回报，有必要建立学徒招生遴选制度。也就是说，愿意开展农民工学徒制培训的企业，在承担相应培训义务的同时，也应该有一定的学徒选择权利。通常而言，农民工文化水平越高、学习能力越强，其可培养潜力越大。学徒招生遴选制度应该允许企业依托自身实力和社会声誉，在社会上择优录取农民工进入学徒培训项目。这种机制类似大学招生制度：一流的大学能吸引更多优秀的学生报考，高质量的生源在高水平大学的培养下，可以成为社会的栋梁之材；尽管社会精英人才不一定都源自一流大学，但是一流大学往往培养了大部分社会高层次人才。

同理，高水平甚至世界一流的技术工人不一定都是实力强劲的企业培养出来的，但是规模大、实力强、技术先进的企业的确可以为社会培养大量的高端技术人才。因此，应该通过制度安排，形成一种竞争机制，最终实现学习能力强的学徒进入实力强的企业，学习能力一般的学徒进入实力次之的企业，学习能力较差的学徒进入技术层次偏低的企业。在具体操作时，可以允许企业根据报名者的学历基础、文化测试得分、技能测试得分、职业能力倾向测试、面试得分等测试结果，综合评价学徒的素质和潜力，择优录取。这样的竞争机制在一定程度上会造成农民工群体就业的分化，进而出现收入水平的差异化。但是这种竞争机制恰恰能充分调动企业和学徒的双重积极性，既保证企业可以获得与之相匹配的技术人才，又让部分有能力的农民工获得更多学习和成长为高水平技术人才的机会。

2. 完善学徒就业服务体系

当企业根据学徒培养计划，完成规定的培训时间和培训任务之后，所有期满学徒都必须接受第三方职业技能鉴定机构的技能考核。对期满学徒进行技能考核，既是对学徒培训项目完成质量和绩效的考评，也可以为企业决定是否聘用期满学徒提供客观依据。原则上，提供学徒培训的企业拥有优先聘用期满学徒的资格，但是优先权不是决定权，期满学徒既可以选择留下，也可以和其他没有被企业挑选上的学徒一起进入劳动力市场（即拒绝培训企业提供的聘用合同）。这样的学徒就业制度既有利也有弊。如果强制要求企业留下所有期满学徒，不利于企业优中选优，留下“不合格”的学徒也会负面影响企业愿意提供的工资待遇水平；强制所有学徒必须留在培训企业，也不完全合理，因为劳动者本来就应该拥有自由流动的就业权利。

因此，允许学徒在期满后自由选择就业企业是更合理的制度安排。这种安排在某种程度上是对《试点方案》中关于培训对象限定条款的否定。《试点方案》规定，企业只对与企业签订6个月以上劳动合同的技能岗位新招用人员和新转岗人员实施学徒制培训，而不是面向社会的开放招生。我们认为这种规定过于狭隘，既限制了学徒生源，也限制了学徒期满后的就业选择。然而，关于学徒制培训风险的分析已经表明，提高学徒期满留任率，是缓解学徒制培训企业风险的最佳解决方案。这就意味着，虽然政策上允许学徒在期满后自由流动，但是实际上政府管理者是希望学徒能在期满后尽量选择留在培训单位。不过，这种“留任”不是单方行为，而是企业和学徒之间的“双向选择”行为。相对自由的双向选择行为，有利于劳动力市场的人才合理配置，提高全社会劳动效率。

那么，如何保证企业和学徒之间经过理性的双向选择之后，还能实现大部分期满学徒都留在培训企业呢？这就要依赖完善的内部与外部劳动力市场的建立，其核心是规范企业内外技术工人工资体系，具体政策与途径已经在“缓解学徒制培训企业风险的政府措施”中进行了详细阐述，这里不再重复。在内外劳动力市场都得以完善的前提下，由于小企业内部发展空间较小，因此小企业期满学徒如果想去大企业就业，则一般只能算半熟练工人，其工资待遇低于从大企业期满学徒[①]；大企业有成熟的内部劳动力市场，学徒期满后也更愿意留下来，因为在大企业内将有很好的发展前景。另外，需要补充说明的是，为了吸引拥有高水平技术的农民工在企业长期工作和发展，降低农民工流动率，必须尽快完善技术工人内部晋升通道，提高熟练技术工人待遇的同时，拉开熟练工与非熟练工之间的收入差距，实施农民工技能等级与大城市积分落户相挂钩，促进农民工市民化进程。

3. 优化学徒培训投入机制

学徒培训的投入机制关系到各利益方的参与积极性的问题。虽然农民工培训具有准公共产品的性质，这意味着政府投入和干预不能缺位。但是

---

① 这里假设小企业的生产技术水平低于大型企业，小企业培训的学徒在劳动技能上要低于大型企业。这种假设可能过于绝对，但是多数情况下的确如此。

财政补贴与支持必须用到合适的地方，发挥其应有的作用。

首先，对参与学徒培训的农民工而言，他们看似不用承担直接培训费用，但实际上也需要为学徒培训付出一定的代价。一方面，文化素质较高的学徒因为在就业之前，已经在个人学历教育中投入了更多教育成本，所以他们可以获得更好的学徒培训机会，文化素质较低的农民工则可能不得不选择较低水平的学徒培训项目，也意味着未来收入的损失。但是，我们认为这种投入回报机制是合理的，长期来看它将有利于促进农村青年重视接受更多的学历教育，抛弃“读书无用论”的错误观点。另一方面，在学徒培训期间，长则2~3年，短则半年到1年，农民工必须忍受较低的学徒期工资。这显然是一种机会成本，对于年龄偏大的农民工群体来说，是不太容易接受的，青年农民工则更愿意为获得学徒培训而承受这种机会成本损失。

其次，对参与学徒培训的企业而言，扣除政府根据培训完成情况拨付的补贴之后，它还需要承担大部分学徒培训成本以及全部的学徒工资。这是否合理呢？一般而言，小企业生产技术要求不高，因而在学徒培训方面的投入成本实际上很低，学徒在小企业相当于廉价劳动力。如果学徒招生遴选制度能够建立，且内外劳动力市场得以规范，那么在企业接受培训的学徒在期满后将大部分选择留任，这保证了企业培训投入有可靠的回报。所以，如果制度完善、机制合理，那么在政府给予学徒培训企业一定补助的情形下，无论大企业还是小企业，它们参与农民工学徒培训都将是理性选择。

再次，对职业学校和培训机构而言，它们承担了学徒的理论知识教育，相应的成本完全由政府转移支付来承担（可能需要通过企业来间接获得）。所以，相对而言，职业学校和培训机构没有什么投入风险，反而是政府主管部门需要加大对职业学校和培训机构的监督力度，保证学徒理论学习的质量和水平，配合企业按期完成学徒培训项目。

最后，对政府主管部门而言，不但要做好学徒制培训的政策与制度供给，还要从宏观上根据产业发展态势和农民工就业趋势，合理制定农民工学徒制培训计划，并根据培训计划科学预算财政补贴额度。

此外，农民工学徒制培训还有一个问题值得思考：对那些需要大量技术工人却又不参与农民工学徒制培训的企业，是否应该征收学徒培训专项税呢？如果征收，应该按照什么标准？所得税款该如何补贴其他企业？这些问题将随着我国学徒制培训体系的日益完善，渐渐提上讨论日程。本书限于篇幅，将不做进一步论述。

第九章　结论与展望

一、主要研究结论

本书在开篇用较为翔实的农民工监测数据，说明了我国农民工培训目前并没有取得应有的效果，农民工收入没有显著提升，因此有必要深入探究已有的农民工培训模式对农民工收入的影响到底如何。接着，本书对我国纷繁复杂的农民工培训政策进行了梳理，总结实践经验与教训，并指出今后的农民工培训模式将从政府主导型向企业主体型转变。然后，本书在详细阐述教育收益率估算方法和农民工培训收益率测算的研究进展之后，指出现有估算方法在精确测算农民工培训收益率方面的几个难点。因此，在关于不同培训模式对农民工收入影响的差异分析中，本书放弃了测算不同培训模式的精确收益率，而是聚焦于比较各种培训模式对农民工收入影响的相对大小。实证检验表明，企业培训模式相比其他模式更能有效提升农民工收入。紧接着，为了探究企业培训影响农民工收入的“黑箱”机制，本书通过对企业农民工群体的调研和实证，发现了人力资本和心理资本所发挥的中介作用。在明确了企业培训对改善农民工培训效益的重要性之后，本书对西方国家广泛实施的现代学徒制进行了介绍和分析，发现该企业培训新模式之所以运行良好，是因为这种企业培训模式可以在企业、政府、学校和学徒之间构建合理的激励约束机制。正因为如此，我们国家近年来也逐步开展了企业新型学徒制试点工作，但是已经实施的《试点方案》还存在诸多弊端，必须尽快加以完善，方能推动学徒制在企业广泛开展。最后，是本书的落脚点，即构建以企业为主体的农民工培训模式——基于新型学徒制的农民工培训模式，同时给出了实施该模式还需要的配套支持政策。

本书的主要结论可以总结为以下几点：一是我国实施多年的政府主导型农民工培训模式已经显露出诸多制度和机制上的弊端，农民工培训今后向企业主体型模式转变是主要趋势。二是在政府培训、企业培训、市场培训、拜师学艺、“干中学”等农民工培训模式中，企业培训对农民工收入（无论是主观收入还是客观收入）的积极影响最显著，“干中学”只对农民工的客观收入有显著正向影响，政府培训、市场培训对农民工的收入影响不显著，传统的拜师学艺甚至会对农民工收入产生负面影响（但不显著）。三是在企业培训影响农民工收入的内在机制中，人力资本和心理资本发挥着重要的中介作用，其中人力资本的中介效应更大，心理资本的中介效应偏小的原因可能在于它对农民工收入的影响更侧重于长期效应。四是现代学徒制这种新的企业培训模式在西方发达国家得到广泛应用的原因在于它能构建合理的利益相关者激励与约束机制。五是我国目前实施的企业新型学徒制试点工作虽已取得一定成效，但是要推广这种培训制度，还必须抓紧完善激励约束制度。六是依托我国企业新型学徒制试点和推广，完全可以构建基于新型学徒制的农民工培训模式。在该培训模式中，农民工的培训参与意愿高，个人培训成本低，且能获得较高技能，未来发展前景更好；企业的培训参与动机也能够得到有效激发，企业培训投入可以通过获得足够的技术工人和劳动效率的提升而得到补偿。

二、研究不足与展望

本书虽然有两个具有开创性的贡献，但是受限于研究方法、研究数据和实践检验的不足，造成相关研究结论的可靠性受到了一定程度的损害。实践是检验真理的唯一标准。因此，对于本书提出的几大研究结论，还需今后通过实践来进一步检验，同时也需要研究工作者基于更翔实的实践数据与资料，对理论进行再次验证。

本书的贡献与不足有：

第一，通过实证比较了不同培训模式对农民工收入的影响差异，这是前人研究有所忽略的地方；相关研究结论对于政府反思我国农民工培训政策的实施效果提供了更深入的理论支持。但是，这项研究的局限性在于：一是对培训模式的划分稍显粗略，也不能涵盖实践中所有的培训模式；二是对培训模式的测量采用的是二分类变量，不能深入反映培训模式下的具体内容和形式；三是样本数量还不够多，仅有1000多份，不能全面反映我国庞大的农民工群体特征与工作收入情况。

第二，通过分析西方现代学徒制的运行机制和我国企业新型学徒制试点工作，从制度和体系上构建了基于新型学徒制的农民工培训模式。这是一项开创性的工作，为我国农民工培训政策的改革与创新提供了借鉴的可能。但是，这项创新性的制度设计工作显然还缺乏足够的实践检验，目前还只是停留在一种理论假想状态。然而，理论研究有时候必须走在实践的前面，为实践指明方向，由实践检验之后，反过来再对其进行不断的完善。

附　录

调查问卷一：我国农村居民城镇就业与技能培训调查

为了解我国农村居民城镇就业和参与技能培训的情况，帮助国家改进相关政策，武汉科技大学管理学院“农民工培训与收入研究”课题组与武汉科技大学社会调查与研究协会的部分大学生共同开展此次社会调查活动。只要您户口还在农村，但平时在城镇工作，都欢迎填写这份问卷！我校师生郑重承诺：绝不侵犯您的隐私，不外泄调研数据，请您放心填写！非常感谢您的配合！

学术调研，为国为民，贵在真实可靠，希望乡亲们多多支持！

---

1. 您的性别：（　　）。

A. 男　　B. 女

2. 您的年龄：（　　）。

A. 16~20 岁　　B. 21~30 岁　　C. 31~40 岁　　D. 41~50 岁

E. 50 岁以上

3. 文化程度：（　　）。

A. 小学及以下　　B. 初中　　C. 高中/中专　　D. 大专及以上

4. 健康状况：（　　）。

A. 经常生病　　B. 感觉疲劳　　C. 感觉一般　　D. 感觉良好

E. 精力旺盛

5. 工作地点：(　　)。

A. 本地县市　　B. 本省其他县市　C. 外省

6. 您的工作地点属于哪个区域？(　　)。

A. 东部地区（北京、天津、河北、辽宁、上海、江苏、浙江、福建、山东、广东、海南、港澳台地区）

B. 中部地区（山西、吉林、黑龙江、安徽、江西、河南、湖北、湖南）

C. 西部地区（内蒙古、广西、重庆、四川、贵州、云南、西藏、陕西、甘肃、青海、宁夏、新疆）

7. 您的工作属于哪个行业？(　　)。

A. 制造业　　B. 建筑业

C. 批发零售业　　D. 交通运输、仓储业

E. 住宿、餐饮业　　F. 居民服务、修理和其他服务业

8. 您现在城里的工作方式是：(　　)。

A. 上班，拿工资　　B. 接活，打零工

C. 自己经商或开店

9. 从您第一次进城工作到现在有几年了？(　　)。

A. 不到1年　　B. 1~2年　　C. 3~4年　　D. 5~7年

E. 8~10年　　F. 10年以上

10. 您进城第一年的月均收入是多少？(　　)。

A. 不足1000元　　B. 1000~1999元

C. 2000~2999元　　D. 3000~3999元

E. 4000~4999元　　F. 5000元及以上

11. 截至目前，您从事过几种不同类型的职业？(　　)。

A. 1种　　B. 2种　　C. 3种　　D. 4种

E. 5种及以上

12. 以您的经验看，更换职业一年后的月均收入，会比原来职业的月均收入：(　　)。

A. 大幅减少　　B. 小幅减少　　C. 变化不大　　D. 小幅增加

E. 大幅增加

13. 您从事当前职业有几年了？（　　）。

A. 不到1年　　B. 1~2年　　C. 3~4年　　D. 5~7年

E. 8~10年　　F. 10年以上

14. 您最近3个月的月均收入是多少？（　　）。

A. 不足1000元　　B. 1000~1999元

C. 2000~2999元　　D. 3000~3999元

E. 4000~4999元　　F. 5000元及以上

15. 与相同或类似职业的其他劳动者相比，您现在的月均收入处于什么水平？（　　）。

A. 远低于平均水平　　B. 稍低于平均水平

C. 相当于平均水平　　D. 稍高于平均水平

E. 远高于平均水平

16. 您是否参加过有政府补贴或完全免费的职业技术培训？（　　）。

A. 是　　B. 否

17. 您是否完全自费到社会培训机构（含培训学校、电大、夜校、职业院校）学习过某种职业技能？（　　）。

A. 是　　B. 否

18. 您是否曾经在民间拜师学艺？（　　）。

A. 是　　B. 否

19. 您是否参加过企业内部的岗位技能培训？（　　）。

A. 是　　B. 否

20. 您是否认为自己的能力和技术主要是靠个人边干边学而来？（　　）。

A. 是　　B. 否

调查人员：　　调查日期：　　联系电话：

调查问卷二：企业员工培训与收入满意度调查

为了解您参与企业培训以及您对个人工资收入的满意情况，帮助企业改进管理水平，武汉科技大学管理学院与您所在企业共同开展此次调查活动，请您如实填写这份问卷！我们郑重承诺：绝不侵犯您的隐私，不外泄调研数据，请您放心填写！非常感谢您的配合！

一、您的基本信息

性别	A. 男	B. 女		
户口	A. 农业户口	B. 非农户口		
年龄	A. 20 岁以下	B. 20~29 岁	C. 30~39 岁	D. 40 岁及以上
学历	A. 小学及以下	B. 初中	C. 高中/中专	D. 大专及以上
职位	A. 操作工	B. 技术工	C. 办事员（专员）	D. 管理人员

二、请根据您的个人感受和实际情况在数字 1 到 5 之间选择，数字大小表示您对各项陈述的同意程度：5 表示非常同意、4 表示比较同意、3 表示不确定、2 表示不太同意、1 表示非常不同意

企业培训	同意程度				
1. 在这次培训中学到的知识与技能与我的工作十分相关	5	4	3	2	1
2. 这次培训的内容将有利于我提高工作绩效	5	4	3	2	1
3. 参加这项培训将对我今后的工作有帮助	5	4	3	2	1
4. 这次培训很有实践价值	5	4	3	2	1
5. 我在这次培训中学到了很多	5	4	3	2	1

续表

人力资本	同意程度				
6. 我的岗位技术熟练	5	4	3	2	1
7. 我的技术能力得到大家的广泛认可	5	4	3	2	1
8. 我在工作中富有创新力	5	4	3	2	1
心理资本	同意程度				
9. 我相信自己对所在组织（或部门）的发展有较大贡献	5	4	3	2	1
10. 我能与上级、同事就工作问题进行良好的沟通	5	4	3	2	1
11. 任何问题都有很多解决方法	5	4	3	2	1
12. 我正在实现为自己设定的工作目标	5	4	3	2	1
13. 工作中遇到挫折时，我很难从中恢复过来并继续前进	5	4	3	2	1
14. 我通常对工作中的压力能泰然处之	5	4	3	2	1
15. 在工作中，我无论如何都会去解决遇到的难题	5	4	3	2	1
16. 我目前的工作中，事情从来没有像我希望的那样发展	5	4	3	2	1
17. 我对自己工作的未来和职业发展很乐观	5	4	3	2	1
收入满意度	同意程度				
18. 我满意自己的税后所得实际工资	5	4	3	2	1
19. 我满意自己的当前工资	5	4	3	2	1
20. 我满意自己的整体工资水平	5	4	3	2	1

参考文献

[1] 刘平青，姜长云. 我国农民工培训需求调查与思考 [J]. 上海经济研究，2005 (9)：77-89.

[2] 黄乾. 农民工培训需求影响因素的实证研究 [J]. 财贸研究，2008 (4)：23-29.

[3] 王海港，黄少安，李琴罗，凤金. 职业技能培训对农村居民非农收入的影响 [J]. 经济研究，2009 (9)：128-139，151.

[4] 黄祖辉，俞宁. 失地农民培训意愿的影响因素分析及其对策研究 [J]. 浙江大学学报（人文社会科学版），2007 (3)：135-142.

[5] 谢勇，黄承贵. 农民工参加职业培训意愿的代际间差异分析 [J]. 调研世界，2011 (10)：30-33.

[6] 杨晓军，陈浩. 城市农民工技能培训意愿的影响因素分析 [J]. 中国农村经济，2008 (11)：46-53.

[7] 和震，李晨. 破解新生代农民工高培训意愿与低培训率的困局——从人力资本特征与企业培训角度分析 [J]. 教育研究，2013 (2)：105-110.

[8] 王秀丽，宋林，朱红亮. 我国农民工职业培训体系构建的理论思考——对德国“双元制”模式的借鉴 [J]. 西北大学学报（哲学社会科学版），2015 (5)：144-149.

[9] 贺新全，窦琴.“农民工”一词的意与译 [J]. 西北农林科技大学学报（社会科学版），2013 (1)：153-157.

[10] 郑功成，黄黎若莲. 中国农民工问题：理论判断与政策思路 [J].

中国人民大学学报，2006（6）：2-13.

［11］王春光. 新生代农村流动人口的社会认同与城乡融合的关系［J］. 社会学研究，2001（3）：63-76.

［12］刘传江. 新生代农民工的特点、挑战与市民化［J］. 人口研究，2010（2）：34-39，55-56.

［13］刘传江，徐建玲. 第二代农民工及其市民化研究［J］. 中国人口·资源与环境，2007（1）：6-10.

［14］全国总工会新生代农民工问题课题组. 关于新生代农民工问题的研究报告［J］. 江苏纺织，2010（8）：5，8-11.

［15］吴漾. 论新生代农民工的特点［J］. 东岳论丛，2009（8）：57-59.

［16］董泽芳. 现代高校办学模式的基本特征分析［J］. 高等教育研究，2002（3）：60-62.

［17］国务院农民工办课题组. 中国农民工发展研究［M］. 北京：中国劳动社会保障出版社，2013：492.

［18］江苏省农民工教育与管理课题组. 江苏省农民工教育管理的调查与思考［J］. 唯实，1999（2）：45-49.

［19］冯桂林，朱玲怡. 武汉市农民工就业培训的现状调查与分析［J］. 湖北社会科学，1996（3）：42-43.

［20］王竹林，吕默. 农民工培训模式及动力机制探析［J］. 西安财经学院学报，2013（3）：87-91.

［21］袁庆林，林新奇，洪姗姗. 我国新生代农民工培训主要模式及其比较研究［J］. 南方农村，2011（5）：38-40.

［22］彭烨，陆素菊. 关于农民工培训模式的研究综述［J］. 职教通讯，2010（7）：32-37.

［23］何腊柏. 构建农民工培训体系的几个重要环节［J］. 中国人力资源开发，2006（3）：65-66.

［24］鲍金红，胡璇. 我国现阶段的市场失灵及其与政府干预的关系研究［J］. 学术界，2013（7）：182-191.

［25］许昆鹏，黄祖辉，贾驰. 农村劳动力转移培训的市场机制分析及

政策启示［J］. 中国人口科学，2007（2）：25-33，95.

［26］贾建锋，闫佳祺，孙新波. 发达国家城镇化进程中农民工职业教育培训对中国的经验借鉴与政策启示［J］. 现代教育管理，2016（5）：27-33.

［27］陈钰. 新生代农民工教育问题［J］. 开放导报，2012（1）：33-36.

［28］潘寄青，沈洊. 新生代农民工职业培训的政府责任与协调机制［J］. 江西社会科学，2012（6）：199-203.

［29］高洪贵. 农民工教育培训的困境及其超越——以政府购买公共服务理论为视角［J］. 现代远距离教育，2014（2）：38-43.

［30］徐卫. 新生代农民工职业培训研究［D］. 武汉大学博士学位论文，2014.

［31］何爱霞，刘雅婷. 城镇化进程中农民工从结构到实质融入的教育培训问题［J］. 现代远程教育研究，2017（1）：79-87.

［32］刘冰，陶海青. 农民工培训市场运行低效的原因及对策建议［J］. 宏观经济研究，2008（4）：54-57.

［33］马建富. 新型城镇化进程中农民工人力资本提升的职业教育培训路径［J］. 教育发展研究，2014（9）：7-14.

［34］关晶，石伟平. 现代学徒制与农民工培训［J］. 教育发展研究，2013（11）：37-40.

［35］赵树凯. 农民工培训的绩效挑战［J］. 华中师范大学学报（人文社会科学版），2011（2）：1-5.

［36］韩俊，汪志洪，崔传义等. 农民工培训实态及其“十二五”时期的政策建议［J］. 改革，2010（9）：74-85.

［37］周小刚. 新生代农民工职业培训质量及其提升路径［J］. 江西社会科学，2014（7）：201-205.

［38］Becker，G. S. Human Capital：A Theoretical and Empirical Analysis，with Special Reference to Education［M］. Chicago：University of Chicago Press，1964.

［39］Mincer，J. Investment in Human Capital and Personal Income Distribution [J]. The Journal of Political Economy, 1958, 66 (4): 281-302.

[40] Mincer, J. On-the-job Training: Costs, Returns, and Some Implications [J]. The Journal of Political Economy, 1962, 70 (5): 50-79.

[41] 吴红梅. 雅各布·明瑟劳动经济学思想评述 [J]. 经济学动态, 2001 (4): 71-75.

[42] 周金燕. 明瑟教育收益率述评: 计量方法及在中国的估计趋势 [J]. 教育学报, 2015 (1): 54-61.

[43] Mincer, J. Schooling, Experience, and Earnings [M]. NewYork: National Bureau of Economic Research, 1974.

[44] Harmon, C., Oosterbeek, H., Walker, I. The Returns to Education [J]. Journal of Economic Surveys, 2003, 17 (2): 115-156.

[45] George Psacharopoulos, Harry Anthony Patrinos. Returns to Investment in Education: A Further Update [J]. Education Economics, 2004, 12 (2): 111-134.

[46] Brauw, A., Rozelle, S. Reconciling the Returns to Educationin Off-Farm Wage Employment in Rural China [J]. Review of Development Economics, 2006, 12 (1): 57-71.

[47] Gao, W., Smyth, R. Education Expansion and Returns to Schooling in Urban China, 2001-2010: Evidence from Three Waves of the China Urban Labor Survey [J]. Journal of the Asia Paciffic Economy, 2015, 20 (2): 178-201.

[48] 李实, 丁赛. 中国城镇教育收益率的长期变动趋势 [J]. 中国社会科学, 2003 (6): 58-72, 206.

[49] 丁小浩, 于洪霞, 余秋梅. 中国城镇居民各级教育收益率及其变化研究: 2002~2009 年 [J]. 北京大学教育评论, 2012, 10 (3): 73-84.

[50] 邓峰, 丁小浩. 中国教育收益率的长期变动趋势分析 [J]. 统计研究, 2013, 30 (7): 39-47.

[51] 国务院发展研究中心农村经济研究部《公共财政支持义务教育问题研究》课题组. 中国农村教育收益率的实证研究 [J]. 农业技术经济, 2007 (4): 4-10.

[52] 崔玉平，吴颖. 教育培训对苏州市农民工收入的影响——教育培训经济收益率的再检验 [J]. 教育与经济，2017，33（2）：42-50.

[53] Card, D., Krueger, A. B. Does School Quality Matter Returns to Education and The Characteristics of Public Schools in the United States [J]. Journal of Political Economy, 1992, 100 (1): 1-40.

[54] Blau, P. M., Duncan, O. D. American Occupational Structure [M]. New York: Wiley, 1967.

[55] 赖德胜. 教育与收入分配 [M]. 北京：北京师范大学出版社，2000.

[56] Spence, M. Job Market Signaling [J]. The Quarterly Journal of Economics, 1973, 87 (3): 355- 374.

[57] Stiglitz, J. E. The Theory of "Screening", Education, and The Distribution of Income [J]. The American Economic Review, 1975, 65 (3): 283- 300.

[58] Doeringer, P. B., Piore, M. J. Internal Labor Markets and Manpower Analysis [M]. New York: ME Sharpe, 1985.

[59] 钟宇平，侯玉娜，陆根书. 教育经济学：回顾、反思与展望 [J]. 教育与经济，2014（5）：3-10.

[60] 王德文，蔡昉，张国庆. 农村迁移劳动力就业与工资决定：教育与培训的重要性 [J]. 经济学（季刊），2008（4）：1131-1148.

[61] Card, D. The Causal Effect of Education on Earnings [J]. Handbook of Labor Economics, 1999 (3): 1801- 1863.

[62] 刘泽云. 教育收益率估算中的几个方法问题 [J]. 北京大学教育评论，2009（1）：139-150，192.

[63] Card, D. Estimating the Return to Schooling: Progress on Some Persistent Econometric Problems [J]. Econometrica, 2001, 69 (5): 1127-1160.

[64] 葛玉好. 教育回报异质性问题研究 [J]. 南方经济，2007（4）：11-21.

[65] Roger Koenker, Gilbert Bassett. Regression Quantiles [J]. Econometrica, 1978, 46 (1): 33-50.

[66] Buchinsky, M. Changes in the US Structure of Wages in the 1980's: An Application of Quantile Regressions [J]. Econometrica, 1994 (62): 405-458.

[67] Deaton, A. The Analysis of Household Survey [M]. The Johns Hopkins University Press, 1997.

[68] 罗楚亮. 城镇居民教育收益率及其分布特征 [J]. 经济研究, 2007 (6): 119-130.

[69] 杨娟. 通用个人教育收益率计算方法的比较 [J]. 中国人口科学, 2008 (5): 87-94, 96.

[70] 张世伟, 王广慧. 培训对农民工收入的影响 [J]. 人口与经济, 2010 (1): 34-38.

[71] 李实, 杨修娜. 我国农民工培训效果分析 [J]. 北京师范大学学报 (社会科学版), 2015 (6): 35-47.

[72] 周世军, 刘丽萍, 卞家涛. 职业培训增加农民工收入了吗? ——来自皖籍农民工访谈调查证据 [J]. 教育与经济, 2016 (1): 20-26.

[73] 罗锋, 黄丽. 人力资本因素对新生代农民工非农收入水平的影响——来自珠江三角洲的经验证据 [J]. 中国农村观察, 2011 (1): 10-19, 96.

[74] 赵显洲. 人力资本、市场分割与农民工的工资决定 [J]. 农业经济问题, 2012 (4): 49-54, 111.

[75] 丁煜, 徐延辉, 李金星. 农民工参加职业技能培训的综合效果评估 [J]. 华南农业大学学报 (社会科学版), 2011 (2): 48-56.

[76] 侯风云. 中国农村人力资本收益率研究 [J]. 经济研究, 2004 (12): 75-84.

[77] 唐运舒, 徐祎琪. 人力资本不决定农民工的非农收入吗? ——基于合肥市的调查 [J]. 西北农林科技大学学报 (社会科学版), 2011 (6): 40-46, 51.

[78] 江金启, 张广胜, 杨肖丽. 异质性培训、技能分化与农民工的工资收入决定 [J]. 农业技术经济, 2016 (10): 20-28.

［79］张世伟，武娜. 培训时间对农民工收入的影响［J］. 人口学刊，2015，37（4）：104-111.

［80］张世伟，武娜. 农民工培训的收入效应［J］. 财经科学，2013（12）：65-72.

［81］党曦. 农民工技能培训的收入效应研究——基于珠三角与长三角调查数据的实证分析［J］. 统计与信息论坛，2015（6）：105-110.

［82］宋月萍，张涵爱. 应授人以何渔？——农民工职业培训与工资获得的实证分析［J］. 人口与经济，2015（1）：81-90.

［83］张俊. 新生代农民工在职培训的工资效应［J］. 财经科学，2015（11）：129-140.

［84］Arrow，K. The Economic Implications of Leaning by Doing［J］. Review of Economic Studies，1962（29）.

［85］吴炜. "干中学"：农民工人力资本获得路径及其对收入的影响［J］. 农业经济问题，2016（9）：53-60，111.

［86］Williamson，O. E. Economic Organization：The Case for Candor［J］. Academy of Management Review，1996（1）.

［87］都阳. 教育对贫困地区农户非农劳动供给的影响研究［J］. 中国人口科学，1999（6）：26-33.

［88］谌新民，林隽宇. 对农民工人力资本收益率的再估算和解释——来自广州市番禺区的发现［J］. 人口研究，2009（4）：78-83.

［89］姚先国，俞玲. 农民工职业分层与人力资本约束［J］. 浙江大学学报（人文社会科学版），2006，36（5）：16-22.

［90］武向荣. 中国农民工人力资本收益率研究［J］. 青年研究，2009（4）：34-46，95.

［91］屈小博. 培训对农民工人力资本收益贡献的净效应——基于平均处理效应的估计［J］. 中国农村经济，2013（8）：55-64.

［92］张晓恒，朱战国，刘余等. 职业技能培训与新生代农民工收入增长——基于倾向得分匹配模型的分析［J］. 统计与信息论坛，2017（3）：114-120.

[93] Bailey Thomas, Waldinger Roger. Primary, Secondary, and Enclave Labor Markets: A Training System Approach [J]. American Sociological Review, 1991 (4).

[94] 李培林. 流动民工的社会网络和社会地位 [J]. 社会学研究, 1996 (4).

[95] 万向东. 农民工非正式就业研究的回顾与展望 [J]. 中山大学学报 (社会科学版), 2009 (1).

[96] 任锋, 杜海峰. 社会关系再构建、职业阶层与农民工收入 [J]. 人口与发展, 2011 (5).

[97] 刘万霞. 我国农民工教育收益率的实证研究: 职业教育对农民收入的影响分析 [J]. 农业技术经济, 2011 (5): 25-32.

[98] Behrman, J. R. The Action of Human Resources and Poverty on One Another [R]. Washington D. C.: The World Bank, 1990.

[99] Mincer, J. Human Capital and the Labor Market: A Review of Current Research [J]. Education Researcher, 1989 (18): 27-34.

[100] Hayami, Y., Ruttan, V. W. Agricultural Development: An International Perspective [M]. Baltimore: Johns Hopkins University Press, 1971.

[101] 侯风云. 农村外出劳动力收益与人力资本状况相关性研究 [J]. 财经研究, 2004, 30 (4): 88-100.

[102] 张古鹏, 姜学民, 任龙. 城市农民工人力资本收益率及收益差异分析——对青岛市农民工的调查 [J]. 统计与决策, 2007 (13): 78-81.

[103] 李谷成, 冯中朝, 范丽霞. 教育、健康与农民收入增长——来自转型期湖北省农村的证据 [J]. 中国农村经济, 2006 (1): 66-74.

[104] 乐章, 刘苹苹. 人力资本与收入水平——关于外出务工农民的一个实证分析 [J]. 中南财经政法大学学报, 2007 (2): 8-13.

[105] 赵亮, 张世伟. 人力资本对农民工就业、收入和社会保险参与的影响 [J]. 重庆大学学报 (社会科学版), 2011, 17 (5): 48-52.

[106] R. Hosen, C. M. Youssef. Human, Social, and Now Positive Psychological Capital Management: Investing in People for Competitive Advantage

[J]. Organizational Dynamics, 2004 (33): 143-160.

[107] F. Luthans, J. B. Avey, R. C. Smith, Weixing Li. More Evidence on The Value of Chinese Workers' Psychological Capital: A Potentially Unlimited Competitive Resource? [J]. The International Journal of Human Resource Management, 2008 (19): 818-827.

[108] Averill J. R., Catlin G., Chon K. K. Rules of Hope [M]. New York: Springer-Verlag, 1990.

[109] Luthans, Bruce J., Avolio, F. The Psychological Capital of Chinese Workers: Exploring the Relationship with Performance [J]. Management & Organization Review, 2005 (11): 249-271.

[110] 鲁银梭，郝云宏，李文川. 基于PCI模型的员工心理资本结构及开发路径探讨——以制造业农民工为例 [J]. 农业经济问题，2011 (9): 90-97.

[111] 徐建役，姜励卿，谢海江. 心理资本与农民工工资收入的相互影响——以浙江省为例 [J]. 浙江社会科学，2012 (9): 83-90.

[112] 林竹. 农民工就业：人力资本、社会资本与心理资本的协同 [J]. 农村经济，2011 (12): 125-129.

[113] Lapierre, L. M., Steenbergen, E. F. V., Peeters, M. C. W., Kluwer, E. S. Juggling Work and Family Responsibilities When Involuntarily Working More from Home: A Multiwave Study of Financial Sales Professionals [J]. Journal of Organizational Behavior, 2015 (37): 804-822.

[114] Subramaniam M., Youndt M. A. The Influence of Intellectual Capital on the Types of Innovative Capabilities [J]. Academy of Management Journal, 2005, 48 (3): 450-463.

[115] 弗雷德·卢森斯等. 心理资本：打造人的竞争优势 [M]. 李超平译. 北京：中国轻工业出版社，2007: 221-222.

[116] Tang, T. L. P., Sutarso, T., Akande, A., Allen, M. W., Alzubaidi, A. S., Ansari, M. A., ... Cheng, B. S. The Love of Money and Pay Level Satisfaction: Measurement and Functional Equivalence in 29 Geopolitical Entities

Around the World [J]. Management and Organization Review, 2006, 2 (3): 423-452.

[117] 关晶. 西方学徒制研究——兼论对我国职业教育的借鉴 [D]. 华东师范大学博士学位论文, 2010.

[118] 刘建新, 于珍. 中国古代学徒制的变迁 [J]. 中国职业技术教育, 2016 (34): 62-65.

[119] Samuel Muehlemann et al. The Financing of Apprenticeship Training in the Light of Labor Market Regulations [J]. Labour Economics, 2010 (17): 799-809.

[120] 欧阳忠明, 韩晶晶. 雇主参与现代学徒制的利益与权力诉求——基于英国学徒制项目调查报告的分析 [J]. 教育发展研究, 2014, 34 (11): 58-65.

[121] 欧阳忠明, 韩晶晶. 成本—收益视角下企业参与现代学徒制研究 [J]. 现代教育管理, 2016 (6): 85-93.

[122] 李玉静. 国际视野下我国学徒制的未来发展——德、英、澳、新学徒制发展特点及对我国学徒制发展的建议 [J]. 职业技术教育, 2015, 36 (21): 34-38.

[123] 东营网. 山东省公布首批 16 家新型学徒制试点企业和院校 [EB/OL]. http://news.dongyingnews.cn/system/2016/04/06/010604988.shtml, 2016-04-06.

[124] 九所技工院校试点企业新型学徒制 [N]. 重庆日报, 2016-03-05.

[125] 刘玉照, 苏亮. 社会转型与中国产业工人的技能培养体系 [J]. 西北师大学报 (社会科学版), 2016 (1): 25-32.

[126] 赵志群, 陈俊兰. 现代学徒制建设——现代职业教育制度的重要补充 [J]. 北京社会科学, 2014 (1): 28-32.

[127] David Soskice. Reconciling Markets and Institutions: The German Apprenticeship System [A]. Lisa M. Lynch. Training and the Private Sector [M]. Chicago: University of Chicago Press, 1994: 25-60.

[128] Franz Wolfgang, Soskice David W. The German Apprenticeship Sys-

tem [Z]. Discussion Paper, Center for International Labor Economics (CILE), University of Konstanz, No. 11, 1994.

[129] B. Fitzenberger, S. Licklederer, H. Zwiener. Mobility Across Firms and Occupations Among Graduates from Apprenticeship [J]. Labour Economics, 2015 (34): 138-151.

[130] 教育部职业教育与成人教育司课题组. 新生代农民工职业教育研究 [J]. 中国职业技术教育, 2012 (6): 5-22.

[131] Ridzwan, C. R., Ruhizan M. Yasin. Cultivating Learning: A Grounded Theory of Skills Acquisition for Vocation in Modern Apprenticeships [J]. Procedia-Social and Behavioral Sciences, 2015 (174): 275-282.

[132]《我国农民工工作"十二五"发展规划纲要研究》课题组. 农民工培训实态及其"十二五"时期的政策建议 [J]. 改革, 2010 (9): 74-85.

[133] 许竞. 再析英国的现代学徒制培训 [J]. 职业技术教育 (教科版), 2005, 26 (4): 64-67.

[134] 王奕俊, 王建初. 德国、瑞士学徒制培训改革的差异比较分析 [J]. 职业技术教育, 2011, 32 (13): 81-85.

[135] 关晶, 石伟平. 西方现代学徒制的特征及启示 [J]. 职业技术教育, 2011, 32 (31): 77-83.

后　记

光阴似箭，日月如梭。这八个字对于一名研究者来说，感受尤其深刻。这本专著的写作，其实早在三年前就已经动笔，但是直到今天才得以最终完成，个中原因自是不一而足。记得专著提纲拟订的时候，笔者思绪澎湃，有一种不立刻把所想所思用文字表述出来，心里就不踏实的感觉。在起初写作之时，课题主要研究内容已经完成，也基本得出结论认为要建立以企业为主体的农民工培训模式，但是尚有两个问题没有解决：一是实证研究所采用的第三方数据“中国城市、农村和流动人口居民收入调查（CHIP2008/RUMiC2009）”对本书而言存在一定的缺陷，无法提供所有培训模式的数据（只有农民工是否参与农业培训、企业培训和市场培训的数据）；二是构建以企业为主体的农民工培训模式具体细节尚未明确。本以为随着研究的逐步深入和写作过程的推进，数据的缺陷问题会有替代办法，最终的模式构建也一定会水到渠成，但是结果事与愿违。

本书是教育部人文社科资助的课题，因为专著写作卡壳，研究者不得不申请延迟结题。随后，我们调整了实证研究思路，不再计算农民工培训收益率（相关原因已经在书中解释），转而考察不同培训模式的收入影响差异。为此，我们放弃了本来打算使用的“CHIP2008/RUMiC2009”数据资料，再次组织人员于2016年底到2017年初实施了新的农民工问卷调查。也正因为延迟结题，研究者对构建农民工学徒制培训模式的思路日益清晰。

在本书完稿之际，笔者由衷地感谢教育部人文社科主管部门的支持，研究计划的适度宽严保证了本书的撰写没有被中途放弃。也非常感谢武汉科技大学“农民工培训与收入”课题组成员的团结和不懈努力，没有他们的集体智慧，也不会有这本专著的出现。最后，还要感谢武汉科技大学社会调查与研究协会的会员们在问卷调查中的贡献，一群有学术追求和社会责任感的年轻人深深地感动着笔者，他们的努力和调研过程中认真的态度，也保证了本书数据收集的质量。

马金平

2018 年春

于武汉科技大学黄家湖校区